Um percurso em Psicanálise
COM LACAN

Taciana de Melo Mafra

Um percurso em Psicanálise com Lacan

Companhia de Freud
editora

Editoração Eletrônica
FA - Editoração Eletrônica

Revisão
Anne Francialy da Costa Araújo
Maria de Lourdes Tenório Ribeiro Sampaio

Revisão Técnica
Sandra Regina Felgueiras

Ilustração de Capa
Roberto Lúcio
Série Fachadas - Técnica mista - Recife, 1998

FICHA CATALOGRÁFICA

M187p

Mafra, Taciana de Melo.

Um percurso em psicanálise com Lacan / Taciana de Melo Mafra. — Rio de Janeiro : Companhia de Freud, 1999.

152 p. ; 23 cm.

ISBN 85-85717- 31-9

1. Lacan, Jacques, 1901-1981. 2. Psicanálise. 3. Título.

CDD-150.195

Companhia de Freud
editora

Endereço para Correspondência
Rua Visconde de Pirajá, 547 - Sala 702
Cep 22415-900 - Ipanema - Rio de Janeiro
Tel.: (021) 540-7954 – Telefax: (021) 239-9492
email: tereza@ism.com.br

A meu pai, minha mãe, Amanda e Lu.

AGRADECIMENTO

Àqueles que, com extrema atenção, me acompanharam neste Percurso: Adriana Fontes Melo do Rêgo Barros; Anne Francialy da Costa Araújo; Edna Maria Porto; Maria de Lourdes Tenório Ribeiro Sampaio; e, de maneira muito singular, Jacques Laberge.

ÍNDICE

PREFÁCIO

Nós ocidentais somos herdeiros de uma tradição que sempre postulou a supremacia do oral sobre o escrito, tratando a letra escrita como uma versão diminuída da fala.

Na situação analítica, por excelência, a fala adquire seu supremo estatuto, constituindo-se como ferramenta maior à travessia da teia de significantes, de vez que confirma que o significante está suportado pela voz.

De fato, a palavra falada tem a fluidez da água que corre, o fulgor do fogo que crepita, o inesperado e contínuo rearranjo das nuvens, além de uma certa calidez com que envolve o ouvinte. A palavra falada é direta, é instantânea, é mutante, tropeça.

Todavia, Lacan dirá: "A língua só é eficaz quando passa ao escrito". Apenas assim ela cumpre sua função, seu efeito colossal no homem.

O que é o escrever?

O poeta Roberto Juarroz, ao falar do escrito, diz que ele "supõe isso que cada vez sabemos menos fazer, supõe o deter-se, supõe o parar frente às coisas, supõe o reaprender a visão do pensamento. E supõe isto que é admirável: supõe de alguma forma o terminar, o completar o pensamento, a conclusão de integrar a forma desse pensamento que não está terminado até que chega ao escrito. Comunicação escrita é, além disso, uma demonstração do que é nascido na solidão, para dizermos que a solidão é algo mais que ela mesma".

Escrever é demandar. Demandar reconhecimento. Demandar que a palavra permaneça mais além da morte.

Escrever é dar-se a ver. É dizer da castração. Escrever é inscrever.

Este é o exercício artesanal, laborioso, com que Taciana de Melo Mafra nos dá testemunho de sua formação. Essa travessia íngreme, abismal, labiríntica, percorrida por quem se busca analista.

Nesse percurso ela nos convoca a acompanhá-la através de uma rede conceitual tecida com extremo rigor e plastia sofisticada, manejando com destreza admirável muitos dos instrumentos que o homem foi forjando na elaboração de sua condição de falante, numa esgrima corajosa e original. Com ela vamos percorrendo as fontes da Psicanálise, isto é, a Filosofia, a Mitologia, a História, a Literatura, o Cinema, a Lingüística, a letra de Freud e Lacan.

Esta rede é atravessada das questões atinentes ao mais humano do humano, ao demasiado humano, ou seja, o que é um pai, de onde vem a lei, ao tempo em que lança um apelo a esse Outro enigmático a quem se endereça, buscando ferrenhamente não sucumbir à sua tenacidade.

Impossível apresentá-la melhor que ela mesma.

Que desse lugar de leitores a nós reservado nesta cena possamos ouvi-la em suas palavras e em seus silêncios. "E não nos enganemos: o silêncio não está nos intervalos entre as palavras, não está nos pontos de suspensão que a detêm um momento, não está nas margens, não está nos lugares em branco dos textos, não só isso, mas está no próprio corpo da palavra, em sua própria interioridade, porque está em sua raiz e porque sem silêncio não há pensamento, nem palavra, nem expressão" (Roberto Juarroz).

Edna Maria Porto

APRESENTAÇÃO

Parece não haver divergência a respeito da asserção de que um analista é efeito de análise. No entanto, sabemos que nem todo efeito de análise coloca alguém na posição de analista. Diante desta constatação, como compor um dito tecido de palavras enunciativas do que vem a ser a formação de um analista?

Esta é uma questão que insiste perenemente provocando discordância, perplexidade, diásporas e quimeras. Certamente que este Real, que segue como uma face das possibilidades encontradas para simbolizar algo tão tresmalhado tem, enquanto traço, algo que se situa na impossibilidade freudiana de encontrar um significante que desse conta dessa formação.

O anúncio do câncer de Freud, em 1923, opera entre os analistas uma urgência pela "rigidez" no processo da formação e nas leis que determinam a institucionalização, a qual se constitui de uma construção de estrutura narcísica, decorrente da falta de simbolização desta morte.

Não é na morte do Pai feita luto que essa estrutura edifica seus pilares, mas sim, na identificação com um ideal, o que produz uma névoa imaginária no lugar da barra do Outro.

Os trâmites pelos quais os enquadramentos são montados carecem de suportes teóricos e os únicos argumentos que circulam têm razões calcadas numa preocupação com uma seleção que parece ter um intuito: tornar os membros da International Psychoanalytical Association (IPA), assim como ela própria, uma espécie de entidade constituída por uma "perfeição ortopédica". É de acordo com este espírito que Ferenczi proclama que a análise didática tem a finalidade de conferir ao analisante um "bom caráter".

A custódia da formação sob esses preceitos é o que vai provocar a cisão de Lacan com a IPA, a partir de sua oposição à vigência desse sistema de institucionalização e formação.

Para Lacan, o discurso analítico deveria ser capaz, por si só, de assegurar a transmissão da Psicanálise, sem que fosse necessário utilizar um tipo de formação ligado ao discurso universitário, incompatível com os seus apontamentos sobre "des-ser", destituição subjetiva, realização da castração e subjetivação da morte. Em sua *Proposição de 9 de outubro de 1967* afirma: "há um real em jogo na própria formação do psicanalista. Sustentamos que as sociedades existentes se baseiam neste real. [...] O fato não é menos patente – e para nós concebível – que esse real provoque o seu próprio desconhecimento, e inclusive produza sua negação sistemática".

Mas esta transmissão sempre foi uma contenda. Não há como dizê-la quantificando-a. Desde que a Psicanálise subverte a ordem do *Cogito* e aponta que no lugar do conhecimento o que se apresenta velado é puro desconhecimento, simultaneamente, afirma o quanto este desconhecimento é feito de linguagem.

Esta linguagem carrega, tal como nos demonstra Lacan, um sujeito que "é, onde não pensa" e que surpreende sempre numa alternância simbólica, fazendo com que ele apareça, desapareça e retorne sempre alhures.

Como então, um analista que responde pela Ética que o submete presta contas do percurso solitário e singular de sua formação? Como afirmar um testemunho da clínica articulada por esta Ética naquilo que não a aparta da teoria, este Outro a reinventar?

Se a análise pode fazer "*sinthome*" de analista, ela também provoca um efeito de desdobramento do traço que a ordena, numa convocação a matar as charadas da letra de um Outro, para onde se endereça o pretenso diálogo do teatro subjetivo. Desta forma se firma um percurso. Mas um percurso muito peculiar, desde que a pegada seguinte jamais tem terreno preparado. Há que se constituir numa filigrana diacrônica que entrelaça passado, presente e futuro, desdobrando outros ladrilhos, ou melhor, outras palavras, outras entonações, outras construções, outra sintaxe.

Eis porque o percurso de uma formação é formação do inconsciente, como nos ensina Lacan, testemunhável apenas em seus efeitos, que se enlaçam, borromeanamente, inscrevendo-se no simbólico diante do outro, particularmente, pela via da escrita.

Capítulo I
Saber e Verdade

PSICANÁLISE E CIÊNCIA

O lugar que a Psicanálise vem cunhar no construto do pensamento humano é marcado pela subversão que ela efetiva na ordem das questões percorridas há cerca de dois milênios e meio, embora isto que vem subverter seja, paradoxalmente, o aparato que a constitui. Ou seja, a personagem de Freud entra em cena na diacronia da história do pensamento, como efeito da cópula de significantes produzidos nesse recorte temporal situado entre o que procede retroativamente de impressões atuais até a antigüidade.

É curioso pensar as razões pelas quais foi preciso um intervalo de tempo tão extenso nas construções do saber[1], até que se viesse a afirmar, com o gênio de Freud, o inconsciente.

Antigüidade, saber e inconsciente são termos vulneráveis a visadas em muitas direções e, tomados na perspectiva da acepção psicanalítica, guardam entre si uma estreita relação.

O inconsciente freudiano é uma sacada que sublinha toda a engrenagem do pensamento, do saber, ao longo de uma história que começa a ser contada com Heródoto[2].

---

[1] Curiosamente, a questão do saber só vem a ser posta a partir de Descartes. Lacan, J. (1985[1972-1973]), a esse respeito, oferece uma importante discussão em *O Seminário, livro 20, Mais, ainda.* Rio de Janeiro: Jorge Zahar, p. 121-135.

[2] Figura um tanto lendária, considerado o Pai da História. Natural de Halicarnasso, capital da Cárcia, sofreu influência de um tio notável que inspirou-lhe o amor pela verdade e beleza. Filho de família abastada, viajou pelo mundo então conhecido. Nessas viagens angariava materiais para a grande obra histórica que tinha em mente. Seu projeto era narrar as guerras que presenciara, para o conhecimento dos pósteros, da forma mais veraz e completa possível.

As reconstituições de "mitos factíveis"[3] dos primórdios da humanidade realizadas nos últimos séculos, com recursos cada vez mais bem instrumentados, não conferem, todavia, à História, nenhum elemento que possa fazer-se registrar numa narrativa consistente, antes do advento do povo Helênico. Visto que um registro histórico só pode insurgir calcado numa concepção articulada daquilo que venha a circunscrever fatos através da linguagem. Esses fatos, tornam-se fatos de linguagem numa relação de tempo e espaço demarcada por paradigmas que digam de um povo, seu pensamento e seus feitos, pela via do que falam, como falam e a partir de que falam.

Restaurar o modo de pensar de um povo, através de uma tal perspectiva, é algo situável, ao longo da história da civilização, apenas com os gregos. Esta assertiva não representa uma negação de toda a trajetória anterior concernente a outros povos e civilizações, mas afirma que os elementos para pensar a história só vêm a se inscrever com os gregos.

Este povo fundou o estofo imorredouro, a partir do qual a humanidade encontra o fio com que tecerá a teia firme para suportar o desamparo de sua ignorância. A Paidéia[4] revela um esforço incomensurável para erigir os ideais com os quais deveria caminhar a humanidade. Estes ideais, mirados incansavelmente, durante aproximadamente 600 anos de uma produção preciosa, foram calcados num ideal de Beleza[5].

---

[3] Por mais que se recomponha o texto da história, segundo a acepção de Heródoto, jamais será possível garantir que a composição daí resultante recubra a "verdadeira história". Esta recomposição, estabelecida a partir de suposições indicadas por provas parciais, será sempre uma espécie de mitologia tomada de um dado factível.

[4] Formação do homem grego, conforme analisa a extensa obra de Jaeger, W. (1986) *Paidéia: a formação do homem grego.* São Paulo: Martins Fontes.

[5] Dentre os conceitos fundamentais sobre o Belo destacam-se como referências gregas as teorias de Platão e Aristóteles, que enunciam respectivamente: O Belo como "manifestação do bem" e o Belo "constituído pela ordem, pela simetria e por uma grandeza capaz de ser abarcada, em seu conjunto, por um só olhar". (Abbagnano, N. (1998) *Dicionário de Filosofia.* São Paulo: Martins Fontes, p. 106.)

Mas os fios dessa teia, por serem firmes, não são, todavia, definitivos. Trata-se de uma teia imperecível, porém constituída de fios mutantes, onde esgarça-se um, para dar lugar a outro, onde o novo é tecido, sempre, com restos do velho fio. O resultado disto é rebento da cópula que, através da letra de tantos, segue sustentando a história da inquietação humana.

Este caminho aponta que desde os primórdios das elaborações humanas, a Paidéia, com seu ideal de Beleza, seu tratado de Virtudes[6], coloca a questão do Ser[7].

Aliás, o Ser, marcado de pensamento, é topologicamente situado como diferente por portar este atributo. O pensar é para os gregos condição de felicidade, por onde se dá a sabedoria que ocupa um lugar de máxima virtude e para o qual era exigido buscar a lei que age nas próprias coisas: "A posição específica do Helenismo na história da educação humana depende da mesma particularidade da sua organização íntima – a aspiração à forma que domina tanto os empreendimentos artísticos como todas as coisas da vida – e, além disso, do seu sentido filosófico do universal, da percepção das leis profundas que governam a natureza humana e das quais derivam as normas que regem a vida individual e a estrutura da sociedade"[8].

É neste sentido que surge a palavra Formação, usada por Platão pela primeira vez na República. Formação, no entanto, ressalta e exalta a consciência como imperativo e é claro que a elegia à consciência interroga-nos imediatamente acerca do que vem a ser a antinomia desse termo para os gregos, pois sabemos que encontramos no que se afirma, inexoravelmente, sua contradição. Mas conhecemos que aquilo ao qual os gregos chamavam consciência é bastante

6 "[...] a virtude é uma mediania; com referência ao sumo bem e ao mais justo, é porém, um extremo". (Aristóteles. (1973) Ética a Nicômaco. In: *Os Pensadores. Vol. IV*. São Paulo: Abril Cultural, p. 273).

7 No sentido de "uso existencial, em virtude do qual dizemos 'Sócrates é' (= existe) ou 'a rosa é' (= existe)". Conforme Abbagnano, N. Op. cit.: 878.

8 Jaeger, W. Op. cit.: 9.

difícil de abstrair com precisão, pois esse povo é o mesmo que fazia do enigma uma mola para revelações.

Estas pepitas incipientes do pensamento grego nos legam afirmações surpreendentes por sua atualidade, entre as quais a obstinada pergunta sobre a verdade das coisas, tão rigorosamente percorrida por Aristóteles[9].

Daí em diante, foram séculos e séculos de especulações coladas nesses registros. Retomemos o que se produz em tal hiato, reavendo o que reverberou dessa produção, num tempo eqüidistante, demarcando um outro segmento diacrônico, desta vez entre Descartes e Freud[10].

Descartes, no século XVII, cravou o marco da ciência moderna com a teoria do *Cogito*. Esta teoria, em alguma medida ratifica, ao tempo em que ultrapassa, o pensamento da antigüidade grega. Para Descartes, não importa o que constitua o conteúdo do pensamento humano, nem sequer que ele seja falso, a única coisa a considerar é que há pensamento, ou melhor, que existe uma realidade – a do ato de pensar – a qual é uma proposição impossível de colocar em dúvida. Ora, admitir a certeza do *Cogito*, para além da busca de um pensamento que seja verdadeiro, é um passo que dará impulso a toda uma gama de construções filosóficas, a qual irá reformular todo o teor da metafísica e inaugurar uma operação que exigirá sublinhar os efeitos reveladores das oposições. Uma verdade que se estabelece entre os termos de pensamentos opostos é o que produz este corte cartesiano, derivando na Dialética, que encontra sua máxima formulação, no século XVIII, com Hegel.

No entanto, se a dialética pós-cartesiana conforma-se nessa báscula de uma topologia, onde as oposições tomam seu sentido no

---

9 Ver adiante " A predição aristotélica da verdade: um esboço do significante".

10 Encontramos na diacronia das especulações epistêmicas três grandes cortes: o primeiro na passagem da Mitologia para a Filosofia, supostamente prenunciado por Tales de Mileto, o segundo com Descartes e o terceiro com Freud.

rumo das evidências, o "Cogito ergo sum"[11] tomado pela construção empírico-racionalista efetivará uma exigência de não-contradição.

De um ponto a outro, as especulações sobre a verdade jamais tiveram trégua, fazendo da cultura o lugar da máxima interrogação. Assim se constituiu, como nos demonstra Lacan, "uma atitude moral que foi e continua a ser, para a ciência, uma condição de existência"[12].

Porém, a verdade alheia à ordem da ciência é arredia e não se deixa pegar pela suposição de que seja possível encontrá-la e capturá-la, embora a ciência não se canse de negar a evidência indefectível, de que a verdade é sempre parcial e relativa.

De Descartes a Freud são dois séculos para que a estabelecida ciência moderna viesse a encarar o inconsciente freudiano, o qual anuncia uma verdade tecida de ignorância.

Freud era um racionalista obstinado e disto decorre algo de patente para o que Lacan nos chama a atenção, a saber, que a Psicanálise surge da ciência e de que só assim poderia sê-lo[13]. Este dado é intrínseco à marca da personalidade de Freud, cuja tenacidade no rigor científico é mencionada como sendo o seu traço mais evidente. Sua vida segue um trajeto firme e disciplinado, destinado a inscrevê-lo como feitor inesquecível nesse terreno. Isto acompanhamos na revelação feita de seu próprio punho: "Ingenuamente dirigi-me a uma reunião da Sociedade de Psiquiatria e Neurologia de Viena, presidida então por Krafft-Ebing, na esperança de que as perdas materiais que voluntariamente sofri fossem compensadas pelo interesse e reconhecimento dos meus colegas. Considerava minhas descobertas contribuições normais à ciência e esperava que fossem

---

11 "Penso, logo sou". (Descartes, R. (1973) Meditações. In: *Os Pensadores. Vol. XV.* São Paulo: Abril Cultural).

12 Lacan, J. (1998[1936]) Para-além do "Princípio de realidade". In: *Escritos.* Rio de Janeiro: Jorge Zahar, p. 83.

13 Lacan, J. (1998) Do sujeito enfim em questão. In: *Escritos.* Rio de Janeiro: Jorge Zahar, p. 232.

recebidas com esse mesmo espírito. Mas o silêncio provocado pelas minhas comunicações, o vazio que se formou em torno de mim, as insinuações que me foram dirigidas, pouco a pouco me fizeram compreender que as afirmações sobre o papel da sexualidade na etiologia das neuroses não podem contar com o mesmo tipo de tratamento dado ao comum das comunicações. Compreendi que, daquele momento em diante, eu passara a fazer parte do grupo daqueles que 'perturbaram o sono do mundo', como diz Hebbel"[14].

O desejo de se tornar um cientista despontou em Freud muito cedo, mas as dificuldades financeiras o obrigaram a seguir a carreira médica. No entanto, uma imposição como esta não foi suficiente para desvirtuá-lo de seus propósitos ou, talvez pudéssemos dizer, de seu sintoma. A Medicina não foi uma escolha casual em sua vida; ele houvera abandonado sua idéia de seguir uma carreira no Direito, movido pelas aspirações políticas, numa identificação com Alexandre, o Grande, para tomar outro rumo com bastante hesitação, o que provavelmente se representa pelo fato de o único exame em que foi reprovado ter sido em Medicina Legal. Dirá, com o passar do tempo, que jamais se sentiu à vontade na profissão médica[15].

Ora, este caminho em que Freud se vê aportado parece a princípio conter um paradoxo, pois, de maneira geral, o que se encontra na Medicina é um verdadeiro desdém pela realidade psíquica. No entanto, está aí, como nos escreve Lacan, a chave que redimensiona este suposto contra-senso: "Mas, por ser no médico, isto é, no clínico por excelência da vida íntima, que esse ponto de vista aparece da maneira mais flagrante, como uma negação sistemática, era também de um médico que teria que vir a negação desse próprio ponto de vista. Não a negação puramente crítica que na

---

[14] Freud, S. (1980[1914]) A história do movimento psicanalítico. In: *Edição Standard Brasileira das Obras Psicológicas Completas de Sigmund Freud. Vol. XIV. A história do movimento psicanalítico.* Rio de Janeiro: Imago, p. 31-32.

[15] Cf. Jones, E. (1979) *Vida e Obra de Sigmund Freud*, Rio de Janeiro: Jorge Zahar.

mesma época floresceu como especulação sobre os 'dados imediatos da consciência', mas uma negação eficaz, por se afirmar como uma nova positividade. Freud deu esse passo fecundo, sem dúvida porque, como nos testemunha em sua autobiografia, foi determinado a isso por sua preocupação de curar, isto é, por uma atividade em que, contrariando os que se comprazem em relegá-la à categoria secundária de uma 'arte', há que reconhecer o entendimento mesmo da realidade humana, na medida em que ela se empenha em transformá-la"[16].

E se Freud parte do sintoma para através da ciência encontrar uma verdade, ele estará, nesse ponto, encarrilhado na engrenagem que o precede na diacronia do pensamento humano. O que, conseqüentemente, se desdobrará, é que sua insistência na busca de uma verdade é por ele reconhecida como sintoma e um sintoma que se erige ante a falta do saber. Lacan elabora essa operação[17] apontando para o que daí resulta, o encontro com a grande visada de Freud, ou seja, que diante dessa fenda se constrói um saber que não sabe, constituído de linguagem.

A Viena do fim do século XIX era indeclinável quanto aos princípios relativos a um certo olhar para o científico, marcada por circunstâncias díspares onde cosmopolismo e provincianismo descompassavam-se. Esse mundo do despontar das idéias freudianas era, ao mesmo tempo, conservador e criativo. A segmentação de espaços representativos de cada um desses pólos se dá de forma apartada, o que levará Freud a padecer numa longa solidão em relação à comunidade científica que compunha a nata da intelectualidade – doutos renomados, imbuídos, como ele, dos ensinamentos de causalidade e determinismo advindos da escola de Helmholtz.

O acesso de Freud à *intelligentsia* médica e acadêmica superior no ano de 1880, sofrerá uma derrocada que encontra acolhida no

---

16 Lacan, J.(1998[1936]) Para-além do "Princípio de realidade". In: *Escritos*. Rio de Janeiro: Jorge Zahar, p. 84.

17 Cf. Lacan, J. Op. cit.

B'nai B'rith, irmandade judaica junto à qual escapava das provocações como cientista. No entanto, jamais arredará de uma posição que ultrapassa radicalmente o pensar médico da época, ao disjungir os fenômenos psíquicos das amarras anatômicas, nem tampouco desistirá de perseguir um ideal científico: "Assim, qualquer progresso nessas esferas do conhecimento deve necessariamente ser lento. Não há dúvida de que constitui uma grande tentação contentar-se em 'arranhar' a superfície mental de uma série de pessoas e substituir o que não foi feito pela especulação, feita sob o patrocínio de uma ou outra escola filosófica. Pode-se aduzir também requisitos práticos em favor desse procedimento; mas nenhum substituto pode satisfazer os requisitos da ciência"[18].

A mente de Freud era uma mente científica, assim como era a sua formação. Mas embora este traço o acompanhasse em cada passo da construção de sua obra, aquilo que forjava, o inconsciente, era arredio aos ditames da ciência moderna, em sua abordagem epistêmica. O inconsciente é "improvável" para o tempo no qual é proposto em seus fundamentos, por Freud. Aliás, ele é mesmo um espanto, um fragor que subverte toda a ordem estabelecida pelos moldes cartesianos com a teoria do *Cogito*. E se, desta forma, ele não pode ser apresentado em sua positividade, como afirmá-lo naquilo que o funda, a saber, a *Verdrängung* – o Recalque? Como demonstrar cientificamente que ao invés de termos positivistas, o que operava no inconsciente era da ordem da *Verneinung* – Denegação? E ainda, que tudo que decorria dessa descoberta era da ordem da sexualidade?

Impossível, improvável. Freud morreu buscando o estatuto de ciência para a Psicanálise e isso produz conseqüências fundamentais na história dessa "nova ciência", como ele mesmo chamava, assim como, na formação dos analistas. Deriva daí o empenho desmedido

---

[18] Freud, S. (1980 [1917-1919]) História de uma neurose infantil e outros trabalhos. In: *Edição Standard Brasileira das Obras Psicológicas Completas de Sigmund Freud. Vol.XVII. Uma neurose infantil.* Rio de Janeiro: Imago, p. 133.

de Ernest Jones, para fazer com que, na Inglaterra, a Psicanálise fosse legalizada como uma parte da Medicina, o que ia na contramão das recomendações de Freud e conformava uma discrepância em coligir o que fora fundado sulcando o terreno do que, outrora, havia sido sua profissão.

É só com Lacan, num resgate rigoroso da experiência analítica, que será possível aproximar a Psicanálise do terreno científico. E isto se edificará a partir de sua insistente retomada da questão da verdade. Ele será exigente, nessa averiguação dos requisitos para o acesso a um lugar no umbral da ciência. Examinará argutamente tudo o que fundamenta esta designação. Por este caminho, encontrará e admoestará toda uma sorte de pressupostos onipotentes, que ditam a configuração de um instrumento que faz ascender a ignorância ao grau de uma perfeita verdade. Irá admitir que a ciência deve conhecer a verdade, mas ciente de que esta é um valor que corresponde à incerteza e que, portanto, com ela não é possível mais que uma aliança[19].

Ele proclamava que o verdadeiro é sempre novo, aludindo a Max Jacob em *Cornet à dés*, fazendo disso uma grande virada ao construir um modelo estrutural que impinge a esse "novo" a faculdade de significante.

A verdade sublevada por Freud é de uma ordem díspar daquela a que o pedantismo científico supõe ater. Ela está radicalmente marcada, enquanto relativa à questão que a produz alhures, pela impossibilidade de ser Toda. Ela será sempre parcial e estará inerentemente atrelada ao engano. Então, isto só poderá ecoar num estrondo.

Mas, sobretudo, o notável da grande façanha sísmica efetivada por Freud é a torção que ele implantará com a reintrodução do sujeito na ciência, de onde houvera sido banido pelos preceitos da ciência moderna.

---

19 Cf. Lacan, J. (1998[1936]) Para-além do "Princípio de realidade". *Escritos*. Rio de Janeiro: Jorge Zahar, p. 82-83.

Todo o recurso de Freud para a revolução que implantou no pensamento humano é sopro de gênio que deixa atônitos a todos, incidindo em tudo que lhe é derradeiro, mas que precisa de uma matéria plástica mítica e imaginária para dar conta de um inefável.

Este fiel da balança que ajusta um lugar científico, no sentido mais antigo do termo, para a Psicanálise, é operado por Lacan, a partir da leitura que executa da obra freudiana, através de uma instrumentação congruente com o mais apurado desta dita ciência moderna, com a qual atravessa as profundezas que perpassam do *muthos* ao *Cogito*, passando pelo *logos*, e institui um construto de incomparável rigor epistêmico, o sistema de pensamento lacaniano.

O Complexo de Édipo forjado por Freud retoma toda a visada grega revisitada, alumiando seu caminho qual lanterna. Desta forma ilumina o que desde então esteve em suspenso da verdade, num enigma, que é mesmo a perenidade do indecifrável. Lacan levará isso às últimas conseqüências e estabelecerá operadores estruturais subvertidos num conjunto engrenado de conceitos, que fundamentam a descoberta freudiana.

A verdade é, para a Psicanálise, verdade de um desejo e isto estabelece um objeto particular na investigação dos que se debruçam sobre o terreno freudiano, onde se erige a retomada das revelações linguageiras constituídas pela fala, fundada na singularidade sob a condição da falta radical do humano. Esta é a Coisa da Psicanálise, a indizível *Das Ding*.

A PREDIÇÃO ARISTOTÉLICA DA VERDADE: UM ESBOÇO DO SIGNIFICANTE

É por demais espantoso constatar o quanto as vinhetas dos antigos filósofos gregos estão próximas do que há de mais notável, acerca das construções a respeito do lugar da linguagem no humano.

Ainda por estes dias, um físico alemão depôs que é muito curioso o fato de que os humanos sejam os únicos falantes encontrados na Biologia, o que atesta uma enorme diferença entre eles e as demais espécies do mundo animal, as quais, a eles comparados, são muito pouco espertas. Contudo, continuava o cientista, o homem não é tão esperto que possa saber como é que tudo começa, de onde ele próprio vem.

Pode-se acrescentar que o desconhecimento humano é mesmo sua condição; aliás, havia um pouco esse sentido no que dizia o físico alemão, ou seja, não é possível ao humano encontrar um saber que dê conta de um axiomático não-sabido. É deste vazio impreenchível que se forjam coisas.

Saber das Coisas foi uma obstinada preocupação de Platão e de seu magistral discípulo Aristóteles. Desde os primórdios, o tentame incansável de encontrar respostas para o que são as Coisas levou o gênio de Aristóteles a demarcar, com precisão, o lugar da palavra no humano.Se Platão cingiu com uma metáfora a *Alegoria da Caverna*[20], sua teoria sobre as idéias não foi por outra coisa que para dar conta do estatuto das Coisas.

---

[20] Cf. Platão (1997) *A República.* São Paulo: Nova Cultural.

A teoria platônica é bastante louvável em sua construção, deixando posto, pontuado, o termo da representação. As cópias, boas ou más, e os simulacros constituem uma elaboração brilhante para o encaminhamento do que vem a ser o símbolo, no sentido em que versa uma representação da Coisa.

Mas não é em Platão que iremos encontrar a articulação desses elementos reportando-os à linguagem. Isto é a obra de Aristóteles que nos lega ao deixar cravada, através do tratamento dado ao discurso, a diferença de seu pensamento diante do mestre, mas sem arredar da afirmação de que vem daí o eixo de sua formulação. Irá construir a partir desta diferença[21].

Se, no que diz respeito a Platão, Aristóteles atesta oposição, é no sentido de que marca uma diferença a partir da simetria com esta alteridade.

A oposição a Platão é, portanto, a marca que efetiva o acicate do combate aos sofistas, com os quais haverá divergência radical.

A contenda ferrenha de Aristóteles com os sofistas tinha uma faceta que asseverava certa ausência de suficiência, nas críticas de Sócrates e de Platão aos mesmos. Ele afirmava esta insuficiência indicando, quando prenunciava seus argumentos, que as críticas socráticas e platônicas apenas apontavam o equívoco sofista, mas não demonstravam sua malha.

Aristóteles denunciava que a retórica sofista partia do princípio de que a verdade pouco ou nada importava, em seu absoluto, o que importava era forjar uma verdade, nem que isso implicasse no maior dos equívocos[22].

Essa fala a serviço da sugestão deixava Aristóteles indignado, posto que todo o seu esforço em edificar os caminhos para perseguir esta verdade absoluta eram maculados por estes poderosos oponentes, capazes de manipular, com a retórica, os veredictos mais impróprios.

---

[21] Cf. Garcia-Roza, L. A. (1998) *Palavra e verdade: na Filosofia antiga e na Psicanálise.* Rio de Janeiro: Jorge Zahar.

[22] Cf. Aristóteles. (1973) Dos argumentos sofísticos. In: *Os Pensadores*. Vol. IV. São Paulo: Abril Cultural.

Nos trâmites peripatéticos[23] para atingir o que lhe causava indignação, recorreu ao silogismo, fazendo com que a verdade extraída de uma premissa discursiva fosse submetida a uma demonstração, para a qual seriam possíveis duas proposições: falsa e verdadeira.

Desta forma, não bastava que o discurso encontrasse uma plastia harmônica e convincente, a fim de que o encontro com a verdade fosse estabelecido; muito pelo contrário, a palavra poderia utilizar-se do engano na determinação de sua significação.

Esta abordagem aristotélica resulta no lastro imponente de uma lógica, por onde Freud e Lacan tomam atalho.

Aristóteles define o homem como o animal que possui a palavra[24]; portanto, não será na concepção sobre a potência do discurso que irá rebelar-se contra os sofistas. Ele não se contrapunha à crença na dimensão criativa do discurso, que teria o poder até mesmo de transformar o mundo, produzindo infinitos sentidos.

Apesar de não estabelecer uma distinção entre a forma e o conteúdo do discurso, deixou demarcada a diferença entre o discurso dialético e o discurso retórico.

O discurso dialético traz em sua definição um propósito de verdade, enquanto que a retórica sofista é baseada na persuasão e na doxa.

Em *Dos argumentos sofísticos*[25], Aristóteles concebe, através da refutação, a denúncia articulada do ilogismo sofista. Distingue dois tipos de refutação: a aparente e a real, desta maneira encontrando as bases de sua reprimenda aos sofistas.

Afirmava que "a ciência do discurso não é a ciência universal e a verdadeira ciência só pode ser a *ciência da coisa*"[26].

Desta afirmação de Aristóteles depreendem-se conseqüências fundamentais, no curso das elaborações sobre a linguagem.

---

23 Referente à metodologia da escola aristotélica.
24 Aristóteles. (1973) *Os Pensadores*. Vol. IV. São Paulo: Abril Cultural.
25 Cf. nota 22.
26 Garcia-Roza, L. A. Op. cit.: 69.

Os termos com que irá prosseguir desdobram a questão, mirando numa ciência das coisas a fundamentação para a linguagem.

Ora, isso é muito avançado, pois o que ele encontrará neste caminho é uma outra afirmação que aponta para um hiato entre as palavras e o sentido das coisas, de onde irá se construir uma relação que nada tem de natural e que resulta numa operação onde será articulada uma "teoria da linguagem como signo e do ser como significado"[27].

Desta forma, estabelece a inscrição de uma função significante da palavra, na medida em que sua conseqüência é que, entre as palavras (sons) e as coisas, encontra-se uma relação mediada pelos "estados de espírito", ou seja, aquilo que vem estabelecer um critério de verdade.

O valor apofântico[28] não é uma propriedade da palavra e sim da ordem do *logos*, referido à linguagem. Ou seja, estaria no pensamento o dispositivo para discernir sobre a verdade, conquanto as palavras fossem símbolos dos "estados de espírito".

Afirmar a disjunção entre palavra e coisa, estabelecendo nessa hiância uma relação que revela a ambigüidade da linguagem, é apontar o inapreensível do Real, na impossibilidade de fazer coincidir palavra e coisa.

Aristóteles, nesse tempo primordial da gênese das teorias da linguagem, concebe, com magnitude, a equação que monta uma lógica discursiva calcada no endereço da palavra, dizendo com clareza que o discurso humano é discurso para o outro.

Este inevitável equívoco, sobre o qual a linguagem é fundada em relação à coisa, encontra um termo simbólico pela via da relação

---

27 Garcia-Roza, L. A. Op. cit.: 70.

28 "Aristóteles chamou de apofântico o enunciado que pode ser considerado verdadeiro ou falso e considerou que esse tipo de enunciado é o único objeto da lógica da qual, portanto, são excluídas as orações, as ordens, etc., cujo estudo pertence à retórica ou à poética". (Abbagnano, N. (1998) *Dicionário de Filosofia.* São Paulo: Martins Fontes, p. 73).

do significado com a significação. O primeiro veiculado pelo segundo, enquanto portador do campo da universalidade.

O retorno a Aristóteles tem o sentido de encontrar as premissas mais remotas para a linguagem, numa elaboração brilhantemente dotada, para a qual uma visada retrospectiva encontra a imponente radicalidade do simbólico em sua singularidade, revelando o campo da ciência demarcado pela linguagem e atravessado de uma insuficiência simbólica irrefutável.

Aristóteles persegue uma ontologia que assegure a verdade absoluta através de seus pressupostos. Isto ele não terá como demonstrar. Mas deixará para a ulterioridade das construções do pensamento humano, o lastro por onde Freud e Lacan apontarão o inconsciente como revelação da radical singularidade do significante.

A TOPOLOGIA DA VERDADE NA PSICANÁLISE: A ÉTICA DO DESEJO

Para percorrer um trilho situando verdade e desejo, sobre o qual desde sempre as preocupações filosóficas especularam e que a literatura não cessou de abordar, é a princípio inevitável circunscrever de que lugar eles serão tratados, ou seja, qual o divisor de águas que delimita o campo dos *conceitos* psicanalíticos. Perguntar pelo campo dos conceitos já estabelece, em alguma medida, um ângulo como resposta, pois de dentro da Psicanálise estes termos tornam-se *conceitos*.

Falar de conceitos psicanalíticos é falar do legado freudiano; e esta construção não se consolida senão pela via da articulação de um conjunto de elementos que, pelo rigor científico com que é concatenado, funda-se e faz-se reconhecer como tal.

Partindo desta constatação de que um conceito, para ser psicanalítico, precisa estar em relação com uma série de outros conceitos detentores do mesmo estatuto, chegamos ao ponto de situar a ordenação que os termos verdade e desejo encontram, na perspectiva do inconsciente freudiano.

Aí está dada a teia do "discurso psicanalítico", proposto por Lacan, que conduz a uma teoria do "desejo inconsciente". Distingui-lo-emos dos discursos filosófico, metafísico e empirista. O primeiro, apontemo-lo como o campo onde se constitui uma investigação rigorosa, que busca um saber demonstrativo constituído de certezas e, no entanto, marcado de dúvidas, para fazer valer a eficácia de qualquer possível resposta. O saber, portanto, seria uma tendência, desse ser que o investiga, para um bem absoluto. A procura de uma resposta como esta supõe a falta deste saber e daí resulta que o ser daquele que o questiona é desejo.

O discurso metafísico é suportado pela lógica do Divino, ditame das necessidades e imperativo das causas e dos princípios. Aí tudo encontra sentido e o ponto de vista do Todo.

Para o discurso empirista, os desejos nada mais são do que necessidades. O objeto será sempre ilusório e especular sobre ele, tentando precisá-lo, mera alegoria.

Contudo, está posto que, no discurso filosófico que questiona o ser do homem como desejo, há uma falta radical do bem absoluto e, ao mesmo tempo, a miragem deste bem como ideal.

É justamente este questionamento filosófico que mostra o homem em seu ser, a posição da teoria do inconsciente, ou seja, o "discurso analítico" de Lacan.

Mas, para isto, ele é levado a precisar o termo desejo na relação com o inconsciente e o faz assumindo a descoberta de Freud, para quem a prova possível para o inconsciente deveria ser experimental.

Freud, em sua fidelidade ao científico e marcado pelo racionalismo, pensava a Psicanálise como uma vereda da ciência experimental. Mas aí encontra toda uma gama de problemas intransponíveis, pela dificuldade de fazer depreender o inconsciente com precisão. É por esta razão que a idéia do inconsciente foi tão rejeitada por tantos homens da ciência e até da Filosofia.

Para escapar desta encruzilhada, Lacan recorre à dedução do inconsciente pela via da linguagem, onde se fez a possibilidade da demonstração, encontrando um caminho que articula o Ser e a linguagem. Assim, sustenta a posição freudiana relativa ao discurso filosófico, pois, se o desejo existe, a plenitude é radicalmente impossível.

Juranville[29] nos fala dessa topologia propondo uma síntese que diz, de outra forma que, se no discurso empirista não existe verdade,

---

[29] Juranville, A. (1995) *Lacan e a Filosofia.* Rio de Janeiro: Jorge Zahar.

no metafísico existe uma verdade total, no filosófico uma verdade total e uma parcial e, no discurso psicanalítico, o que existe é uma verdade, mas somente parcial, ou seja: a teoria do inconsciente.

A intenção freudiana jamais esteve sintonizada com as normas sociais ou morais, mas esteve sempre atrelada à confrontação do sujeito com a verdade de seu desejo. No entanto, o ponto em que Freud é levado a esta descoberta infernal, o ponto em que o inconsciente faz vértice com o desejo, não está articulado em sua obra desde os primórdios.

No final do século XIX, Freud, apesar de estar diante do desejo em seu encontro com os neuróticos, não estabelece, neste tempo do cenário de seu combate com Janet sobre a neurose, o termo desejo como recorte de suas articulações.

Falava em conversão, para diferenciar seus postulados sobre a histeria dos de Charcot e Janet e, nesse momento do desenvolvimento de sua obra, o termo energia psíquica era a senha de acesso às suas questões.

Por esses tempos, Freud pensava o sexual como atividade específica, o que havia de paradoxal com relação às funções psicológicas e aos comportamentos descritivos.

No artigo de 1907, "Atos obsessivos e práticas religiosas"[30], ele fala de medidas protetoras ou de defesa, recalcamento de um impulso pulsional, prazeres sexuais e proteção contra a tentação.

E o que Freud encontrou que fez urgir o imperativo de situar esse tão antigo desejo?

Em um trabalho de 1913, chamado "O interesse científico da Psicanálise"[31], convoca todos a pensar sobre as articulações possíveis dessa "ciência nova" com as demais, apontando uma interse-

---

30 Freud, S. (1980[1907]) Atos obsessivos e práticas religiosas. In: *Edição Standard Brasileira das Obras Psicológicas Completas de Sigmund Freud. Vol. IX. "Gradiva" de Jensen e outros trabalhos.* Rio de Janeiro: Imago.

31 Freud, S. (1980[1913]) O interesse científico da Psicanálise. In: *Edição Standard Brasileira das Obras Psicológicas Completas de Sigmund Freud. Vol. XIII. Totem e tabu e outros trabalhos.* Rio de Janeiro: Imago.

ção em suas preocupações, a saber, o "Mal-estar", para *ele* constituído pelo recalque.

Ora, quando falamos em recalque, falamos em hominização, que é mesmo a condição posta pelo seu efeito, a inserção simbólica. Decorre que, deste recalque fundador do humano só podemos dizer articulando-o com aquilo que faz existir o *desejo*.

Em seus estudos sobre a histeria[32], Freud entreviu que aquela concepção médica do fenômeno, tão dada ao deboche, não era, como se fazia parecer, uma performance deliberada. Não se tratava de um *querer* pelo qual tais mulheres devessem se responsabilizar, posto que tomavam-se de fingimento. Havia ali uma força qualquer, desconhecida e propulsora do ataque, que mais tarde revelou-se para ele como tendo, em seu fundamento, o *desejo*.

Então, temos aí uma distinção radical desse *desejo*, que se distancia, peremptoriamente, do estatuto do *querer e da necessidade*.

Encontramo-nos, portanto, no terreno do inconsciente, diante do qual Freud estabelece o marco do advento do humano pervertendo a ordem natural harmonizada na funcionalidade simétrica do instinto, que tem, instantaneamente, um objeto à espera da necessidade.

Ao humano está dada a dramática condição da criação, posto que terá de forjar, incessantemente, um objeto que represente a falta radical, a disparidade entre a pulsão e seu objeto.

À "Pulsão", Freud atribuiu a mitologia da Psicanálise, já que está situada num ponto inexorável destas articulações. O desejo, enquanto tal, está contido da marca da relação com a pulsão e esta se funda numa assimetria com o objeto.

Mas quando é que o desejo se apresenta nas articulações de Freud?

---

32 Freud, S. (1980[1893-1895]) Estudos sobre a histeria. In: *Edição Standard Brasileira das Obras Psicológicas Completas de Sigmund Freud. Vol. II. Estudos sobre a histeria.* Rio de Janeiro: Imago.

Na "Interpretação de sonhos"[33] introduz-se a expressão *wunscherfüllung*, isto é, realização-de-desejo, e junto a ela a idéia de realização alucinatória que alude à de desejo.

No capítulo VII[34], Freud, discorrendo sobre o modelo do aparelho psíquico, descreve o desejo como revivescência de uma inscrição de satisfação original, impulso que evoca a percepção do primeiro objeto de satisfação: "uma repetição da percepção que se achava ligada com a satisfação da necessidade"[35].

Neste aparelho o desejo é tomado como "catexia alucinatória da lembrança de satisfação"[36], formando com esta alucinação um eixo que, às vezes, mais parece de similaridade, quando, no entanto, porta uma relação de contigüidade[37].

Mas Freud também usa nesse artigo o termo *wunsch,* para caracterizar as partículas que se articulam pela elaboração onírica, o que dimensiona uma operação própria ao registro primário, distinta do secundário, e logo faz entrever que, mais do que uma realização de desejo, existe aí um desejo trabalhando, um desejo que é propulsor.

No entanto, deve haver algo que relacione estes dois registros e Freud irá pensar em desejos ocasionais e desejos infantis ou formadores do sonho, sendo que os primeiros seriam, então, a via através da qual os segundos se realizariam.

Designando pelo singular o desejo que se realizaria através de desejos ocasionais, ele também o chama de desejo infantil ou, ainda, pulsão e atribui sua emergência através de uma representação,

---

33 Freud, S. (1980[1900]) A interpretação de sonhos. In: *Edição Standard Brasileira das Obras Psicológicas Completas de Sigmund Freud. Vol. IV. A interpretação de Sonhos.* Rio de Janeiro: Imago.

34 Freud, S. (1980[1900]). A interpretação de sonhos. In: *Edição Standard Brasileira das Obras Psicológicas Completas de Sigmund Freud. Vol. V. A interpretação de sonhos (continuação).* Rio de Janeiro: Imago.

35 Freud, S. Op. cit.: 603.

36 Freud, S. Op. cit.: 637.

37 Conferir o verbete "Desejo" de M. David-Ménard em Kaufmann, Pierre. (1996) *Dicionário enciclopédico de Psicanálise: o legado de Freud e Lacan.* Rio de Janeiro: Jorge Zahar.

postulando ainda uma intemporalidade própria à relação com o princípio de realidade.

Indo por este caminho constatamos que o termo mais elaborado para Freud sobre o *desejo* é o ponto em que o relaciona com a sexualidade infantil, fazendo deste ancoradouro aquilo que produz o sonho, a partir de uma insatisfação que se representa na linguagem do pulsional.

Temos então que admitir que, em Freud, falta a articulação de uma teoria do desejo, encargo que Lacan toma para si.

Se, para Freud, a tentativa de teorizar sobre o desejo teve como resultado a referência a uma primeira experiência de satisfação, para Lacan este arsenal é tomado como uma mítica, relativa ao avatar do biológico no desejo.

É neste ponto mínimo que se torna possível pensar a hominização, num *topos* para além do natural.

Mas como acompanhar Lacan, dada esta vereda freudiana?

Em primeiro lugar, Lacan estabelece uma ruptura com a idéia de que haveria similaridade entre o pulsional e o desejo, apontando neste sentido, que o *desejo* é marcado de uma relação intrínseca com a ordem do biológico, no que concerne às necessidades, e com a ordem linguageira da *demanda* de *amor*.

Continuemos, portanto, no trilho da articulação fundamental construída por Lacan, que é a teoria do desejo.

Em 1964, em seu Seminário "Os quatro conceitos fundamentais da Psicanálise", Lacan diz que há algo que situará de forma a estabelecer uma função mais geral para estes conceitos, a saber, *o inconsciente, a repetição, a transferência e a pulsão,* algo que os engloba e que demonstra seu valor operatório. A isto ele chamará "a função do significante"[38].

Sublinhará o percurso de Freud que, através das histéricas, dos seus sintomas, chegará ao desejo. Destaca que isto, ele o faz, ao ouvi-las, conectando, neste ponto, que se a histérica ao falar expõe

[38] Lacan, J. (1990[1964]) *O Seminário, livro 11: Os quatro conceitos fundamentais da Psicanálise.* Rio de Janeiro: Jorge Zahar, p. 19.

seu desejo aos olhos do Outro como desejo insatisfeito, revela a relação do desejo com a linguagem.

A demanda à qual essa operação está submetida jamais poderá ser atendida em absoluto, diante da impossibilidade de haver uma ordem natural que se baste a si mesma.

O apelo à satisfação das necessidades vitais do homem é sempre endereçado a um Outro e por isso mesmo tem estatuto de demanda de amor.

Este Outro seria a instância que, na impossibilidade de responder simetricamente a uma demanda, irá estruturar a relação do sujeito com a linguagem.

Portanto, desejo é algo constituído neste vértice entre a necessidade e o amor, a partir de que não será mais de necessidade que se trata, mas sim de demanda, pela contingência da propriedade inexistente do seu objeto.

O desejo, então, podemos pensá-lo como algo constitutivo de uma miragem imaginária, enquanto que a demanda condena o homem ao simbólico.

A operação simbólica que erige o trilho do desejo a partir de um significante inaugural é articulável na perspectiva borromeana, onde fica posta a demonstração dos dois gumes do significante, a saber, o Real e o Simbólico, num eixo que contém na extremidade seu suposto correspondente, o objeto Imaginário.

A transição para o desejo é efeito do encontro com o desejo de Outro e sua ascendência se dá através da castração, que é justamente o que confere sentido ao Outro.

Assim se dá o salto de Lacan, a partir da referência freudiana do desejo, enquanto retorno alucinatório do objeto, sublinhando a inadequação e a falta do objeto como constitutivas da linguagem.

Já em Freud, está dada a virada do que toma o desejo como um fato biológico, algo da ordem da necessidade e do campo do natural, para tratá-lo como fato de linguagem. Temos isto bem demarcado em “A Interpretação de Sonhos”, marco que define que a expressão dos desejos só se pode revelar no trabalho de interpretação ao nível da linguagem.

É diante disto, admitido por Freud desde a origem de sua obra, que Lacan fará a sua grande aposta.

"O Inconsciente é estruturado como uma linguagem". Estamos diante do principal aforismo lacaniano, do qual devemos extrair as conseqüências relativas à articulação da teoria do desejo.

Encontramos no desejo uma peculiaridade, que é esta de, naquilo que possa parecer insuficiente, a saber, o fato de jamais encontrar um objeto que o corresponda, efetivar sua eficiência na medida em que se torna indestrutível.

Mas como se dá esta engrenagem de um desejo perene, para o qual não há objeto possível, no nível da linguagem?

Lacan vai dizer que a presença do desejo é a articulação temporal de um significante com outro significante, ou seja, a cadeia significante.

Então o desejo estaria posto na cadeia significante e já dissemos que a ele faltará um objeto, mas como caracterizá-lo?

Até aqui podemos sintetizar dizendo que a partir de Freud, o objeto do desejo é perdido, uma falta que se presentifica.

Da busca da realização desse encontro decorrerá uma série substitutiva, que manterá a condição faltosa desse objeto, uma rede tecida pela contingência faltosa e, portanto, deslizante continuamente. Isto estabelece a irredutibilidade do desejo à necessidade e constitui a operação que Lacan chamará de metonímia.

O desejo é da ordem do simbólico e pressupõe a cadeia significante que, por sua vez, é engrenada na relação com o significado e segundo dois eixos: de similaridade e contigüidade.

Metáfora e metonímia representam estes dois processos respectivamente e correspondem, em Saussure, ao eixo associativo e sintagmático, que executam, no primeiro caso, a substituição de um termo pelo outro e, no segundo caso, possibilitam a idéia de contexto e de ligação[39].

---

[39] Ver adiante, a esse respeito, "Entre a Lingüística e a Psicanálise".

É com o recurso da elaboração do Real, Simbólico e Imaginário que Lacan encaminhará a questão do desejo.

Antes de galgar o plano simbólico, o desejo se estatui no plano do imaginário na referência ao outro, ou à imagem do outro que o constitui.

Aí encontramos a formulação de Lacan da fase do espelho, a partir da qual ele afirma que "o desejo do homem é o desejo do Outro"[40]. Então temos que o desejo não é outra coisa senão aquilo que faz passar ou tende a fazer passar do segundo significante para o primeiro.

Tomaremos esse "um" e esse "outro" como termos que estabelecerão o circuito dessa cadeia, que é a própria cadeia do desejo.

Lacan designa por S1, ou significante unário, o primeiro significante, aquele que aparece como desejável, e S2, ou significante binário, a esse outro significante, a partir do qual o primeiro pode estabelecer-se em sua significância.

Concluímos deste ponto que ser segundo o significante é efetivamente desejar e que o significante desejável não é o "um" em si mesmo, mas se constitui a partir do outro significante.

O que daí resulta é que, desta forma, é dado o modo de ser desejável e, conseqüentemente, uma radical desilusão, ou seja, S1 só se torna desejável a partir de S2. Impõe-se assim, a condição irrefutável da singularidade do desejo e, por isso, Lacan dirá que o significante em relação ao objeto nele desejado é sempre um semblante.

Talvez seja pertinente recorrermos a uma imagem do cinema que, com sua expressividade tão próxima da onirologia, ilustra bem certas construções psicanalíticas.

Há um filme de Buñuel, uma produção francesa, chamado "Esse obscuro objeto do desejo", que parece conter a essência que aqui estamos tentando dar conta, que é essa evanescência do objeto do desejo humano, tão imperioso por ser indestrutível.

---

40 Lacan, J. (1998[1960]) Subversão do sujeito e dialética do desejo. In: *Escritos*. Rio de Janeiro: Jorge Zahar, p. 829.

Trata-se de um homem e uma longa trajetória, verdadeiro crochê de agulha enigmática, conduzido na direção de uma mulher por um tal propósito obstinado que faz disto todo o sentido.

No cerne de toda sua matéria plástica, o filme trata de apontar um sentido, ou seja, as vicissitudes do desejo.

O que de curioso e espetacular se monta é que a mulher, obstinadamente perseguida por este homem tomado de amor, é representada por duas atrizes.

Este recurso é mesmo assombroso, pois confere o caráter de estranheza ao espectador, que, por vezes, nem percebe o truque.

Mas é dado que, a cada vez que o homem se aproxima desta mulher, e mesmo quando dela fica muito perto, como se estivesse por haver uma ligação, a atriz é mudada e, novamente, um conjunto circunstancial da trama o faz, mais uma vez, reconduzir-se a uma tal procura.

O filme metaforiza a obscura e fugidia propriedade do simulacro de um objeto inexistente para o desejo humano.

Mas falar de desejo convoca uma articulação com os conceitos de demanda e amor de Freud a Lacan.

Freud situava o desejo entre os termos Eros e Libido. Ocorre que o termo Eros era utilizado por ele, indiscriminadamente, como relativo ao amor, à pulsão e ao desejo. Isto remete a uma imprecisão que coloca dificuldades para a construção dessa engrenagem. Quando aludimos ao pulsional, situamos no sujeito uma exigência peremptória ao Outro.

O amor, no entanto, é aprisionado ao signo do amor do Outro, logo, intrínseco à demanda, a qual se insurge de uma falta no sujeito que, como nos ensina Lacan, pede testemunha de que lhe falta algo. Segundo Freud, lido por Lacan, o avatar da demanda na clínica psicanalítica é transformar-se em desilusão.

Freud afirmava que a falta é operada pela castração e Lacan representava essa operação com $-\varphi$, que incide sobre o objeto faltoso representado pelo falo. É em torno desse objeto que se estabelecerão o que Freud chamou de estruturas clínicas, a saber: neurose, psicose e perversão e que Lacan sistematizará, numa estrutura relativa à castração, na trama do circuito fálico representada por tropos de linguagem.

O desejo, junto com a engrenagem que o conduz, é, portanto, o trilho indefectível por onde transcorre uma verdade singular, sempre velada e sobre a qual a Psicanálise se detém situando sua ética: a ética do desejo, do inconsciente estruturado como uma linguagem.

Capítulo II

O Inconsciente Estruturado Como Uma Linguagem

ENTRE A LINGÜÍSTICA E A PSICANÁLISE

O lugar da linguagem no humano parece ter tido sempre seu peso bem assentado.

Desde que foi possível conhecer algo da história remota e perdida, através dos mitos, está posta a relevância do eco bíblico: "no princípio era o verbo".

Este eco, ouvido em toda parte, propaga-se interrogando o tempo imperativo do verbo que, na forma de uma lei, funda o humano.

Se a palavra dos deuses e para os deuses foi sempre tão bem cuidada, não é por outra razão que pela inquietante tentativa de procurar uma delas que fosse suficiente para dizer as Coisas, contornar a ignorância, compor um vazio.

No lugar desse encontro, o que se faz possível é que as palavras se combinem forjando verdades desamparadas por seu esvaecimento.

Contudo, a propriedade incipiente de um método para fisgar Toda a verdade tomou forma com os pré-socráticos, na busca dos elementos constitutivos do universo. Nesse caminho, o que se encontra são palavras: água, fogo, ar, terra.

Daí por diante logo fica posto, entre Sócrates e Aristóteles, que as coisas são de uma estranha apreensibilidade.

A Filosofia carregará a indagação sobre a palavra, construindo saberes de muita relevância, como fica posto na obra de Santo Agostinho e São Tomás de Aquino, que se debruçaram sobre os achados de Platão e Aristóteles.

Foi preciso repassar pegadas para introduzir o ponto que reúne estas relíquias, numa articulação que estabelece operações estruturais na ordenação da linguagem.

A retórica antiga é desencavada pela Lingüística, com o termo crucial do significante. Ferdinand de Saussure e Roman Jakobson, imbuídos do estruturalismo despontado no ocidente, abrangem as vertentes mais elaboradas dentre as proposições encontradas na Lingüística sobre a linguagem.

O estruturalismo ensina a pensar as leis que operam num sistema, movendo-se entre o singular e o universal e fazendo, do último, o ponto em que está dada a tônica dessa estrutura na engrenagem que encontra ancoradouro no simbólico.

Lévi-Strauss é o maior representante dessa ciência-piloto, como chama Lacan, mas certamente que é situável o mosaico que prepara esta assunção.

Na anterioridade das referências de Saussure encontramos dois marcos que merecem relevo. O primeiro trata-se de um estudo sobre a língua tomada como um objeto de análise histórica, inaugurada com os estudos de Bopp e reunidos na obra: "Do sistema da conjugação sânscrita comparada às línguas latina, grega, persa e germânica", que anuncia a aproximação da antiga língua indiana com o grego, latim, persa e germânico, como o nome sugere. O segundo diz respeito aos estudos de Adolphe Pictet em "As origens indo-européias", que continha uma extensa pesquisa sobre a relação da língua com a determinação de um povo e sua referência étnica. Este último data de 1859-63 e é o ponto de fundação da ciência batizada por Paleontologia Lingüística.

Influenciado pelos novos trabalhos da semântica e da fonética, Saussure, aos 21 anos, escreve um livro que marcará a história da Lingüística: "Memória sobre o sistema primitivo das vogais nas línguas indo-européias". Neste texto está contido o embrião do arcabouço conceitual da obra mais conhecida sobre as idéias do mestre genebrino: "Curso de Lingüística Geral".

Com a publicação do Curso de Saussure está cravada, definitivamente, a pedra de fundação da Lingüística como ciência, em solo suíço, em 1916, embora o Curso houvesse sido ministrado em 1907, 1908-1910 e 1910-1911, na Universidade de Genebra.

O livro foi organizado a partir das anotações de seus alunos, com muitas dificuldades, para então se tornar o veículo da inscrição histórica das idéias desse notável do pensamento estruturalista.

É com dois enunciados que Saussure lança a Lingüística no terreno das ciências: "A língua, distinta da fala, é um objeto que se pode estudar separadamente"[41] e "A língua é um sistema que conhece somente sua ordem própria"[42]. A partir daí, expõe um algoritmo estrutural da linguagem, que dará suporte a uma nova noção de signo lingüístico. Noção fundada a partir da ruptura com o pensamento tradicional – que concebe a unidade lingüística como uma associação axiomática de um conceito ao termo – num avatar que se transmuta e edifica a afirmação de que o signo une um conceito a uma imagem acústica.

A imagem acústica não é o som material, pura física, mas a sua marca psíquica, a representação efetivada pelos sentidos, enquanto que o conceito é da ordem do abstrato. Os termos marca psíquica e representação corroboram a articulação da diferença entre linguagem, língua e fala, diante do que Saussure admite que "a língua é para nós a linguagem menos a fala"[43].

O novo signo por ele concebido é uma entidade psíquica de duas faces, cujos termos se constituem numa relação de associação, ou seja, o signo está baseado numa equação que é, antes de tudo, relação e que tem como termos: signo, significante e significado.

Esta concepção do signo, assim como suas propriedades, dizem de um tempo da construção teórica saussuriana chamado por seus estudiosos de primeira teoria do signo.

O segundo tempo de sua construção sobre o signo se dá no ponto em que articulará uma certa operação determinante da significação, que não mais será da ordem da fixidez entre o significante e o significado, mas sim produto da topologia desses termos numa

---

41 Saussurre, F. (1987[1916]) *Curso de Lingüística Geral.* São Paulo: Cultrix, p. 22.
42 Saussure, F. Op. cit.: 31.
43 Saussure, F. Op. cit.: 92.

relação que lhes determina o valor. Esta concepção foi por ele nomeada de *teoria do valor* e tem, como elemento categórico, *a diferença*, operador determinante da afirmação de que tal relação é uma relação de pura diferença.

A obstinada questão de Saussure sobre a língua o leva a se deparar com o fenômeno dos anagramas[44], que para ele se constitui como uma descoberta inquietante. Este confronto o instala diante de um mistério que tenta compartilhar com outros, na tentativa de elidir o que, para alguns, parecia ser a sua loucura.

Seguindo este trilho o lingüista irá investigar o que há de específico no funcionamento da língua e aí se confronta com um encadeamento de termos que o leva a conceber uma operação arranjada em dois eixos, denominados de sintagmático e associativo. A este propósito afirmava ainda: "Mas sendo a língua o que é, de qualquer lado que a abordemos, não lhe encontraremos nada de simples; em toda parte e sempre, esse mesmo equilíbrio de termos complexos que se condicionam reciprocamente. Dito de outro modo, 'a língua é uma forma e não uma substância'"[45].

Há aí um princípio que dá acento ao tônus do que Saussure nos propõe pensar, a saber, que temos na língua um sistema onde uma lei determina as relações e diferenças entre os elementos que discorrem nesses eixos.

Saussure recorreu ao latim para nomear as operações aí transcorridas: *in praesentia e in absentia*, que em seus nomes revelam a concepção que ele fazia daquilo que se passava nessas linhas que se entrecruzavam. No eixo sintagmático encontramos uma noção de contexto e ligação dos termos que estão em presença e que elidem a possibilidade da elocução de dois elementos simultaneamente. No eixo associativo, mais tarde chamado de paradigmático, estar-se-á

---

44 Saussure, ao estudar a poesia saturnina, observou fenômenos que extrapolavam a métrica e outras características próprias a essa poesia. Vogais, consoantes, sílabas apareciam cifradas sob outras palavras.

45 Saussure, F. Op. cit.: 141.

diante da substituição de um termo em ausência: "[...] elas fazem parte desse tesouro interior que constitui a língua de cada indivíduo"[46].

Cernir as coisas deste modo é um salto radical, fundador da Lingüística como ciência, como nos ratifica Milner, apontando que o que Saussure demonstra em seu ato é que "para que a Lingüística como ciência seja possível é preciso, dirá ele, distinguir os fenômenos das coisas em si"[47].

No entanto, a tentativa saussuriana de elidir a fala de seu campo de investigação arma para ele uma certa cilada que o estonteia insistentemente, fazendo com que se imponha a necessidade de construir um contorno para o que declinava desta afirmação.

O contorno possível para esta surpresa causada na irrupção de uma imprevisibilidade no cruzamento do eixo sintagmático e paradigmático foi a restrição da "liberdade do sintagma"[48]. Desta maneira, caberia à língua e não à fala a gênese dos sintagmas que possuíssem uma ortopedia regular e ficaria reservada à fala a liberdade de combiná-los.

Portanto, para Saussure, o sujeito estava elidido da ordem da língua, instigando a reflexão de Jakobson que prepara o caminho por onde ele retornará do exílio.

Jakobson, afetado pelo labor fecundo da fonologia e da poética, se interessa em estudar a afasia, até então abordada apenas sob uma ótica psicopatológica. Trata-a como um problema de natureza lingüística em "Dois aspectos da linguagem e dois tipos de afasia", retomando a questão inscrita por Saussure sobre as noções de sintagma e de paradigma.

Neste texto, salienta uma estrutura bipolar da linguagem pela qual o ser falante efetua dois tipos de atividade: uma tem a ver com

---

46 Saussure, F. Op. cit.: 143.

47 Milner, J-C. (1987) *O amor da língua*. Porto Alegre: Artes Médicas, p. 32.

48 Ver Saussure, F. Op. cit.: 144-46.

a similaridade e diz respeito à seleção de paradigmas ou das unidades da língua; a outra refere-se à contigüidade e diz respeito à combinação sintagmática dessas mesmas unidades. Entretanto, para ele, o falante não é, de nenhum modo, um "agente" completamente livre: "a seleção (exceto nos raros casos de efetivo neologismo) deve ser feita a partir do repertório lexical que ele próprio e o destinatário da mensagem possuem em comum"[49].

Para Jakobson, os distúrbios de linguagem decorrentes da afasia privam o indivíduo ora da atividade de seleção, ora da atividade de combinação. Convocando a Retórica, evidencia que a atividade seletiva da linguagem não era senão o exercício de uma função metafórica, enquanto que a atividade combinatória assemelhava-se ao procedimento da metonímia. Sendo assim, distúrbios na primeira função impediam o sujeito de recorrer à metáfora, enquanto que distúrbios na segunda função impediam-no de realizar toda e qualquer atividade metonímica. Em sua análise, observava que estas funções podiam ser encontradas no funcionamento do sonho descrito por Freud, em sua "Interpretação de Sonhos".

Lacan, mais do que Jakobson, via em Freud não só uma relação entre as funções metafóricas e metonímicas e os mecanismos do sonho, mas também uma verdadeira teoria da linguagem, conforme podemos constatar nas palavras ditas a Caruso em 1966: "Quando realiza uma análise do inconsciente, a qualquer nível, Freud sempre faz uma análise do tipo lingüístico. Freud havia inventado a nova Lingüística, antes que esta nascesse. O senhor me perguntava em que me distinguia de Freud: nisto, no fato de que eu conheço a Lingüística. Ele não a conhecia e, portanto, não podia saber que o que fazia era Lingüística; e a única diferença entre sua posição e a minha se baseia no fato de que eu, abrindo um livro seu, em seguida posso dizer: isto é Lingüística. Posso dizê-lo porque a Lingüística apareceu

[49] Jakobson, R. (1975) Dois aspectos da linguagem e dois tipos de afasia. In: *Lingüística e comunicação.* São Paulo: Cultrix, p. 37.

alguns anos depois da Psicanálise. Saussure a começou pouco depois de que Freud, na 'Interpretação de Sonhos', tivesse escrito um verdadeiro tratado de Lingüística. Esta é a minha distância de Freud"[50].

Lacan assevera, a partir de seu encontro com Saussure e Jakobson, que as formações do inconsciente – lapsos, atos falhos, chistes, sonhos – estabelecidas por Freud revelavam-se indissociáveis da linguagem, ao mesmo tempo em que apontavam para uma especificidade que deveria ser buscada no campo da palavra, no sujeito.

Será com estes instrumentos que afirmará em seu Discurso de Roma[51], que o inconsciente é estruturado como uma linguagem, a partir do que estará demarcado o campo de aproximação da Psicanálise com a Lingüística.

No entanto, Lacan sempre deixou claro em seus Seminários que, apesar dos elementos da Lingüística servirem para a elaboração de seu pensamento, oferecendo-lhe um caminho com um instrumento valioso, o campo da Psicanálise se distingue radicalmente do campo da Lingüística, no ponto em que os objetos de investigação e o terreno de sua prática se diferenciam.

Em seu Seminário "Mais ainda", ratifica esta distinção dizendo: "Meu dizer que o inconsciente é estruturado como uma linguagem não é do campo da Lingüística"[52].

É partindo desta distinção que os conceitos vindos da Lingüística são subvertidos para a articulação com um extenso conjunto de outros termos relacionados às noções de inconsciente e de sujeito, próprios à Psicanálise desde Freud e, nesse momento, às elaborações psicanalíticas próprias às teorias lacanianas.

---

[50] Caruso, P. (1972[1966]) *Conversaciones com Lévi-Strauss, Foucault e Lacan*. Barcelona: Editorial Anagrama.

[51] Lacan, J. (1998[1953]) Função e campo da fala e da linguagem em Psicanálise. In: *Escritos*. Rio de Janeiro: Jorge Zahar.

[52] Lacan, J. (1985[1972-1973] A Jakobson. In: *O Seminário, livro 20, Mais, ainda*. Rio de Janeiro: Jorge Zahar, p. 25.

Saussure dividia o signo lingüístico em duas partes: conceito/significado e imagem acústica/significante, definindo-as através de uma equação fundada a partir da relação que ele representa como Significado/Significante, onde a barra, pura significação, mais que as separa, as relaciona.

Para Lacan[53], esta teoria, ao ser lida com os elementos da Psicanálise freudiana produz uma nova articulação, onde a posição dos termos se inverte. O significado vem abaixo do significante, que tem em sua proposição uma função primordial. Ele sublinhava que toda significação remetia a outra significação e, através disso, deduzia a idéia de que o significante deveria ser isolado do significado como uma letra (ou uma palavra símbolo) desprovida de significação, mas determinante para o destino inconsciente do sujeito. Este sujeito era diferente do *eu*: era, propriamente, o sujeito do inconsciente.

Tomado desta maneira, o sujeito não existe como plenitude, mas, ao contrário, ele é representado pelo significante, ou seja, pela letra em que se registra a ancoragem do inconsciente na linguagem. Ao mesmo tempo é representado por uma cadeia de significantes, na qual o plano do enunciado não corresponde à enunciação. Assim, o sujeito é representado por um significante para um outro significante, num conjunto estrutural. Afirmação que irá fazer em 1960, num colóquio em Royaumont sobre o tema "A dialética" e que será a definição máxima do significante num sentido lacaniano[54].

A obra saussuriana não era suficiente, no entanto, para a operação "cartesiana" que Lacan irá recolocar, levando-o aos trabalhos de Roman Jakobson. Alguns meses antes de pronunciar a conferência sobre "A instância da letra", Lacan, que se tornara amigo de Jakobson, por intermédio de Lévi-Strauss, desde 1950, se depara com "Fundamentals of language" de Jakobson e Morris, no qual

---

[53] Lacan, J. (1998[1957]) A instância da letra no inconsciente ou a razão desde Freud. In: *Escritos*. Rio de Janeiro: Jorge Zahar.

[54] Lacan, J. (1998[1960]) Subversão do sujeito e dialética do desejo no inconsciente freudiano. In: *Escritos*. Rio de Janeiro: Jorge Zahar.

estava publicado o artigo: "Dois aspectos da linguagem e dois tipos de afasia".

É no Seminário sobre "As psicoses"[55] que Lacan falará pela primeira vez nas teses de Jakobson sobre metáfora e metonímia, das quais um ano depois, em 1957, fará fecundo uso numa conferência proferida na Sorbonne para os alunos de letras: "A instância da letra no inconsciente ou a razão desde Freud". Nesta conferência ele formalizará a inversão do algoritmo saussuriano, a partir das operações da metáfora e da metonímia.

Daí, certamente, extrairemos conseqüências importantes para o campo de nossas articulações – no terreno onde nos encontramos – diante dos postulados lingüísticos que capturamos em nossas construções sobre a clínica da Psicanálise.

Este parece ser um pilar importante para o divisor de águas entre a Psicanálise e a Lingüística: a clínica. Lacan sempre fez questão de afirmar que teoria é prática e que o que articulava era aquilo que se apresentava em sua clínica, exigindo a edificação de rígidos pilares científicos, os quais foram constituídos com a referência a outros avanços em diversos campos do saber.

Jean-Claude Milner escreve um complexo texto para dar conta dessas questões, fazendo certamente um caminho inverso a estas pontuações, já que a costura de seu trabalho acompanha seu percurso da Lingüística à Psicanálise.

O livro de Milner, tornado um clássico da literatura psicanalítica, é por ele intitulado de "L'Amour de la Langue", publicado em português como "O amor da língua"[56], o que é, a princípio, um anúncio daquilo que vai apontar em todo o texto: a insuficiência da Lingüística para tratar da linguagem, excluindo uma certa imprevisibilidade incidente no eixo sintagmático do discurso, atravessado de uma outra cadeia de efeito surpreendente, a saber, o eixo paradigmático.

---

[55] Lacan, J. (1988[1955-1956]) *O Seminário, livro 3, As psicoses*. Rio de Janeiro: Jorge Zahar.

[56] Milner, J-C. (1987) *O Amor da Língua*. Porto Alegre: Artes Médicas.

Como já foi dito, "O amor da língua" remonta a um momento do Seminário "Mais, ainda", onde Lacan, falando a Jakobson, registra o campo da distância entre a Lingüística e a Psicanálise, dizendo que, nesta última, o que encontramos é lingüisteria e o que se efetua como diferença entre um e outro campo é o Amor.

Se o Amor enquanto signo propulsor da troca de discurso é o elemento tomado por Lacan para dar relevo a essas circunscrições, é também porque, assim, trata do trilho por onde se encaminha a prática analítica, a transferência.

Desta forma, acompanhamos o título dado por Milner ao seu trabalho, que lança mão das categorias psicanalíticas para dar conta das conseqüências e problemas encontrados no tratamento da língua e da linguagem, sem a perspectiva das noções de sujeito e inconsciente.

Articular uma teoria que possibilite conceituar o "sujeito" é o que Lacan vai introduzir e demonstrar, pela via da elaboração de sua teoria do significante, situando a radical singularidade e sua relação com o Real, no terreno específico da Psicanálise.

O Real da língua, é assim que Milner assinala onde as possibilidades de diametrar o que se passa na ordenação da língua estão fadadas a um impasse.

O que é da ordem do Real é irrepresentável pelos cálculos – alíngua – hiato onde "o desejo se espelha e o gozo se deposita"[57]

---

[57] Milner, J-C. Op. cit.: 8.

DA LETRA AO SINTOMA: O NÓ

"Obviamente, porém, só podemos fazer um juízo adequado do quebra-cabeças se pusermos de lado essas críticas da composição inteira e de suas partes, e se, em vez disso, tentarmos substituir cada elemento isolado por uma sílaba ou palavra que possa ser representada por aquele elemento de um modo ou de outro. As palavras assim compostas já não deixarão de fazer sentido, podendo formar uma frase poética de extrema beleza e significado"[58], escreveu Freud.

Este trecho de "A interpretação de sonhos" corrobora as depreensões do consagrado capítulo VII dessa mesma obra, onde ele afirma o que mais tarde Lacan formaliza como "O Inconsciente é estruturado como uma Linguagem".

Além de "A interpretação de sonhos", constatamos que "O projeto para uma Psicologia científica", "O homem dos lobos" e "Nota sobre o bloco mágico" portam uma preciosidade: a precisão de Freud a respeito desse ponto mínimo do inconsciente, que é a letra.

Sabemos que, para Lacan, o significante é suportado essencialmente pela voz e modulado pela palavra. Partindo do algoritmo saussuriano, ele nos aponta que o significante porta uma estrutura localizada, que é o fonema. A escrita carecia de ser fonetizada e seus caracteres são minados a partir daí, como mercúrio, que através deles escoa e ecoa.

---

[58] Freud, S. (1980[1900]) A interpretação de sonhos. In: *Edição Standard Brasileira das Obras Psicológicas Completas de Sigmund Freud. Vol. IV. A interpretação de sonhos.* Rio de Janeiro: Imago, p. 296.

A clínica lacaniana alterca os instrumentos da escuta numa proposição que ultrapassa a interpretação marcada de uma construção imaginária, para se ater à fala numa abordagem literal, no sentido do acompanhamento de um sincopado da estrutura fonemática.

O que recorta um significante na massa fonemática da língua e o determina é o reconhecimento de uma inscrição anterior mítica que articula significante/significado, compondo o trilho simbólico do discurso, operação que Freud, já no "Projeto para uma Psicologia científica"[59], nos propõe pensar como instâncias mnêmicas, lugar de uma inscrição muda, espécie de arquivo das percepções.

A língua dá suporte material para as combinações possíveis que alíngua sobredetermina e este suporte Real é letra.

Esta sobredeterminação tem seu efeito reverberado na topologia significante. Significante que porta uma face para o Real e outra para o Simbólico e que não se consolida senão pela via do Imaginário. Como podemos então pensar essas categorias, enquanto conferindo consistência aos elementos que Freud reúne a partir de sua escuta, nesse tempo constitutivo dos conceitos psicanalíticos?

Para apontar o sentido, Lacan se refere a uma certa escansão significante, o que não deixa de ser uma alusão ao Real. Mas sabemos que o Real não se entrega facilmente ao significante. E isto encontramos com clareza no texto de Freud. O que, aliás, parece a sua excepcionalidade, mostrar que é em relação ao Real, que funciona o plano da fantasia. Como diz Lacan: "O Real suporta a fantasia e a fantasia protege o Real"[60].

Partiremos do conceito de inconsciente em sua profunda relação com o conceito do Um original, isto é, o corte.

Freud asseverava que o recalcamento é o efeito de uma fenda marcante entre o consciente e o inconsciente. O que imediatamente

---

59 Freud, S. (1980[1895]) Projeto para uma Psicologia científica. In: *Edição Standard Brasileira das Obras Psicológicas Completas de Sigmund Freud. Vol. I. Publicações pré-psicanalíticas e esboços inéditos.* Rio de Janeiro: Imago.

60 Lacan, J. (1990[1964]) *O Seminário, livro 11, Os quatro conceitos fundamentais da Psicanálise.* Rio de Janeiro: Jorge Zahar, p. 44.

produz a questão sobre o que antecederia o recalque, como instância recalcadora. Para dar conta desta questão é que irá afirmar a existência de um recalque originário, *Urverdrängung*.

A *Urverdrängung* de Freud constitui-se de uma inscrição primeira num inconsciente não-recalcado, que serviria de pólo de atração para o recalque propriamente dito ou recalque secundário.

Ora, por mais que Freud tenha tentado estabelecer com precisão esta inscrição original, ela parecia sempre escapar no hiato com a operação do recalque propriamente dito.

Lacan irá retomar a questão apontando que esse tempo originário consiste de uma passagem do sujeito por um Outro, num movimento que funda a singularidade como escritura.

Movimento simultaneamente constitutivo do sujeito, no ponto em que demarca a diferença com a inscrição de um traço. Este traço é propriamente o Um primordial que cava o buraco da ausência do objeto e que, no entanto, vibra na mudez de seu apagamento.

Lacan dirá que aí está "a Coisa" inapreensível, acicate de toda diferença e em torno da qual se dará, propriamente, um dito com o suporte de letras, numa articulação que é significante.

O Um original é o Real impossível rasurado pela letra que, sendo da ordem do Real, é, ao mesmo tempo, suporte do significante, herdeiro de dupla faceta do Real e do Simbólico.

É esse corte que liga a função do sujeito como tal, do sujeito em relação constituinte ao próprio significante, circunscrevendo o passo dado por Freud em relação a Descartes, abrindo uma fenda no lugar da certeza, apontando o sujeito como dividido. A teoria freudiana afirma que o inconsciente é constituído, essencialmente, não pelo que a consciência pode evocar, entender, discernir, mas pelo que lhe é, por essência, recusado[61].

Freud se refere ao sujeito para dizer que é no campo do sonho, que ele está em casa, no lugar da rede dos significantes, a que os

---

[61] Cf. notas 33 e 34.

antigos atribuíam as mensagens dos deuses e delas se utilizavam. Essas mensagens são constituídas como uma rede em que, eventualmente, algo se deixa pegar.

Nessa rede o sujeito advém num reencontro, ali onde estava o Real e retorna cruzando seu caminho sempre do mesmo modo do qual Freud nos fala na Interpretação de Sonhos em seu VII capítulo: "O único equívoco cometido pelos autores precedentes foi supor que a modificação do sonho no decurso de sua rememoração e colocação em palavras seja *arbitrária,* não possa ser solucionada e que seja, dessa maneira, calculada para nos fornecer uma representação enganadora do sonho. Eles subestimaram até que ponto os acontecimentos psíquicos são determinados. Não há nada de arbitrário neles. De modo bastante geral, pode-se demonstrar que se um elemento é deixado indeterminado por um certo encadeamento de pensamentos, sua determinação é imediatamente efetuada por um outro. Por exemplo, posso tentar pensar arbitrariamente num número, mas isso é impossível: o número que me ocorrer será inequívoca e necessariamente determinado por pensamentos meus, embora eles possam achar-se afastados de minha intenção imediata"[62].

Ele depreendera, a partir de sua experiência clínica e da análise de seus próprios sonhos, que os significantes se constituem na simultaneidade, em razão de uma estrutura muito definida da diacronia constituinte, e colocava no cerne da estrutura do inconsciente a hiância causal.

Mas retomemos a via do significante, a partir do nome que Freud deu a um de seus casos clínicos: "O homem dos lobos"[63].

Encontramos neste título a palavra "Wolf", que contém a letra W forcluída pelo analisante. Esta letra se inscreve na cadeia signifi-

---

[62] Freud, S. (1980[1900]). A interpretação de sonhos. In: *Edição Standard Brasileira das Obras Psicológicas Completas de Sigmund Freud. Vol. V. A interpretação de sonhos (continuação).* Rio de Janeiro: Imago, p. 548-549.

[63] Freud, S. (1980[1918]) História de uma neurose infantil. In: *Edição Standard Brasileira das Obras Psicológicas Completas de Sigmund Freud. Vol. XVII. Uma neurose infantil.* Rio de Janeiro: Imago.

cante a partir do corte de Freud, na forma de sua intervenção: "Você quer dizer uma *Wespe*". Esta inscrição dá sentido ao movimento discursivo, produzindo sujeito na cadeia significante.

O sujeito nada mais é do que o efeito do dito, isto é, o corte do significante pelo qual se representa, frente a um outro significante. O dizer de um sujeito, em compensação, origina-se de um lugar que é a hiância do simbólico: o Real. O sujeito ignora esta origem, esta causa de seu dizer e se extravia em demandas infinitas.

No entanto, o que se inscreve não é uma operação que transcorre submetida ao acaso, esta operação é um repetir-se estrutural.

A esta estrutura poderíamos atribuir o caráter de consistência, na perspectiva do que resulta em sua singularidade, da composição dos registros do Real, Simbólico e Imaginário.

A série de trajetos coreográficos de uma estrutura se fará a partir de um ponto mínimo onde ancora essa engrenagem. E as representações que daí advêm, com suas combinatórias, serão os elementos com os quais será possível fazer o resgate do que antecede esse ponto.

Estamos aí no terreno do sintoma, este não dito, esta letra muda que faz buraco no discurso.

"O homem dos lobos", como chamou Freud, é uma referência a um sonho. O sonho dos lobos, que ele ilustra com um desenho feito pelo analisante, é um marco para o aparecimento de um sintoma: "a fobia".

Se pensarmos que Freud sempre sublinhou a excelência da linguagem nos sonhos, nas parapraxias e nos chistes, todos peremptoriamente constituídos pela linguagem, então como pensar aí o sintoma?

Estamos diante da inscrição do sintoma no registro da Psicanálise e não da Medicina, no que esta comporta de uma referência ao patológico. O sintoma para Freud está no mesmo campo das outras formações do inconsciente, ou seja, no registro da linguagem.

Por isso mesmo é que Lacan, no RSI[64], inscreve o sintoma topologicamente, no campo em que se dá uma invasão do Simbólico

---

[64] Lacan, J. (1975) RSI. In: *Ornicar?* Nº 2, 3, 4 e 5.

no Real, onde, segundo ele, se efetiva a construção do mito em forma de metáfora, confirmando suas asserções anteriores de que o sintoma é uma metáfora.

"O homem dos lobos" marca a obra freudiana, com a proeza da construção que aponta para o avatar da imagem em seu caráter de linguagem, o ego e a questão sexual suscitada pelo Édipo, terreno do simbólico, onde os significantes "homem" e "mulher" não remetem aos conceitos de homem e mulher, mas à diferença dos lugares assinalados para um e para outro pelo símbolo fálico único.

A simbolização se realiza através do Édipo. A castração, isto é, a perda do objeto perfeitamente satisfatório e adaptável, é constituída como fato de linguagem e o que permite simbolizá-la é o Édipo. Sendo simbolizada a castração, persiste a Metáfora Paterna constituindo uma estrutura que, tomada por sua singularidade, é o que designa o sintoma na acepção lacaniana.

Obter uma perfeita apreensão do objeto ou fazer com que sua perda seja verdadeiramente definitiva são os pontos pelos quais bascula o neurótico nesse lugar de onde aborda o Real.

A INTEMPORALIDADE DO INCONSCIENTE

A Psicanálise, a letra de Freud, contém em seu registro um caminho que percorre a contramão das leituras de muitos que falam e escrevem em seu nome. Esse caminho a que se opõe é o de uma Psicologia que a reduz a um herbário, constituição de catálogos racionalizados, construção de classificações que se pretendem naturais.

No entanto, o caráter não amestrável, irredutível, do desejo humano, marcado por uma imperiosidade obscura, nos exige complexizar o tratamento dado às questões que a experiência analítica nos permite enunciar.

Uma dessas questões diz respeito ao tempo.

A clínica da Psicanálise não é uma clínica nosológica que estabeleça o tratamento de categorias. Quando falamos em clínica da perversão, da neurose ou da psicose, está posto desde o princípio o que isso comporta de uma referência à estrutura. Estrutura tomada enquanto conjunto de operadores em torno dos quais a função do analista se engendra como mais um, resguardando o movimento dialético nesse tecido, onde se apresenta, no discurso, uma composição na qual a singularidade é o resultado radical.

O sujeito do qual se ocupa a Psicanálise toma seu lugar no jogo do significante, sendo ele próprio um elemento dessa cadeia, que se organiza a partir da inscrição da lei, na forma de Metáfora Paterna.O conceito de falta é o motor daquilo que está compilado enquanto elementos que se movem no jogo, sujeitos ao "acaso" no circuito edípico, onde a operação da castração determinará, em forma de aposta, o efeito deste acaso: a estrutura.

A operação fundante de uma determinada estrutura não exclui o que, das outras, nela está contido. O que está em jogo quando pensamos a clínica em referência a cada uma dessas estruturas é, portanto, algo que é puramente o que há de próprio a esse terreno que é o nosso, o da Psicanálise.

E o que lhe é próprio é o que Freud descobre e a partir de que subverte a noção de inconsciente: "Isso fala".

Freud fica fascinado pelo modo como os sonhos, atos falhos e chistes aparecem num tropeço, numa rachadura que aponta para uma preciosidade importante de sublinhar, que essa coisa outra que quer se realizar é de uma estranha temporalidade.

Isso, aprendemos, não se procura, acha-se. É dessa natureza tudo com o que vamos nos envolver na análise. Foi mesmo assim que Freud partiu do sintoma das histéricas para chegar às suas formulações sobre o inconsciente, tendo muitas vezes, diante desses achados, que retroceder.

Mas esses achados, como nos mostra Lacan, são reachados que estão sempre prestes a escapar de novo, instalando a dimensão do Real.

É portanto, na sincronia e na diacronia do discurso que esses elementos significantes se movem com suas surpresas, nunca por acaso, como Lacan nos lembra bem em seus estudos sobre a lógica dos jogos modernos[65]: qualquer que seja o resultado de um jogo, ele estará sempre pré-determinado em suas possibilidades. É nesse movimento discursivo que está envolvida uma gama única de elementos, a composição ímpar em torno do desejo.

Desejo que não é prazer; o princípio do prazer é o que lhe confere com sua imposição, o seu limite. Dadas as cartas do jogo, o efeito da surpresa é sempre evanescente; em outras palavras, é por um instante que esse achado é trazido à luz, estando no segundo tempo reerigido por um fechamento.

---

[65] Lacan, J. (1998[1955]) O seminário sobre A carta roubada. In: *Escritos*. Rio de Janeiro: Jorge Zahar.

A dialética operadora desse fechamento tem a contrapartida em sua abertura. Abertura infernal como a que Freud promove com o que funda e que encontra seus maiores exorcistas naqueles que neutralizam o rigor de seus achados.

Aliás, a perspectiva e a lógica dos jogos para pensar a questão do tempo e da subjetividade já haviam sido abordadas por Freud, em 1907, em um artigo intitulado "Escritores criativos e devaneios"[66].

Nesse artigo ele aponta para uma aproximação entre as operações da criação literária e o brincar da criança, afirmando que o brincar e o jogo são determinados pelo desejo.

De alguma maneira, nesse texto, acompanhamos Freud mostrando como os jogos e o brincar, análogos ao fantasiar, são uma espécie de exercício simbólico onde a criança age sobre o real, alterando-o de forma a recolocar e a recontar a factualidade.

Essa mobilidade dos termos na fantasia é, conforme suas palavras, determinada por desejos: "[...] de fato por um único desejo – que auxilia o seu desenvolvimento –, o desejo de ser grande e adulto"[67]. E ainda, "não devemos supor que os produtos dessa atividade imaginativa – as diversas fantasias, castelos no ar e devaneios – sejam estereotipados ou inalteráveis. Ao contrário, adaptam-se às impressões mutáveis que o sujeito tem da vida, alterando-se a cada mudança de sua situação e recebendo de cada nova impressão ativa uma espécie de 'carimbo de data de fabricação'. A relação entre a fantasia e o tempo é, em geral, muito importante. É como se ela flutuasse entre três tempos – os três momentos abrangidos pela nossa ideação. O trabalho mental vincula-se a uma impressão atual, a alguma ocasião motivadora no presente que foi capaz de despertar um dos desejos principais do sujeito. Dali, retrocede à lembrança de uma experiência anterior (geralmente da infância) na qual esse desejo foi realizado, criando uma situação referente ao futuro que re-

---

[66] Freud S. (1980[1907]) Escritores criativos e devaneios. In: *Edição Standard Brasileira das Obras Psicológicas Completas de Sigmund Freud. Vol. IX. "Gradiva" de Jensen e outros trabalhos.* Rio de Janeiro: Imago.

[67] Freud S. Op. cit.: 151.

presenta a realização do desejo. O que se cria então é um devaneio ou fantasia, que encerra traços de sua origem, a partir da ocasião que o provocou e a partir da lembrança. Dessa forma, o passado, o presente e o futuro são entrelaçados pelo fio do desejo que os une"[68].

Isto tudo dito por Freud nesse tempo de sua grande solidão, pelo exílio da comunidade científica na primeira década do século, é muito revelador, posto que tantas vezes manifesta o peso da conseqüência de sua descoberta.

Ele discute a rede que entrelaça os três tempos principais de um verbo e isto, tomado nessa contingência de sua vida, demonstra parte da inquietação em fazer valer o que parecia, para muitos, uma brincadeira de mau gosto de suas proposições.

O ato de Freud, que funda o inconsciente sob a insígnia da sexualidade, revolve todo um passado do conhecimento humano, despindo seu desconhecimento. Esse ato é tomado como brincadeira e faz jogo de intrigas no presente, do mesmo modo que, nesse entrelaçamento, altera todo o futuro.

O desejo, indestrutível, veicula para o futuro, sempre curto e limitado, o que ele sustenta de uma imagem do passado. Isto nos ensina Lacan com seu tempo lógico, mostrando que não é de uma ausência de tempo que se trata, mas de uma intemporalidade, que coloca o desejo na ordem das coisas em relação a um certo tempo, considerando-se que uma coisa é aquilo que dura, idêntica, um certo tempo.

Lacan estrutura magistralmente a sacada freudiana de que a subjetividade é construída em três tempos arredios aos ponteiros do relógio. Freud estabeleceu estes três tempos de muitas maneiras, mas, principalmente, na tríade das instâncias psíquicas, nos tempos do Édipo e, mais claramente como um tempo, em "Recordar, repetir e elaborar"[69] e nos três tempos da fantasia "Uma criança é espancada"[70].

---

[68] Freud S. Op. cit.: 153.

[69] Freud S. (1980[1914]) Recordar, repetir e elaborar (Novas recomendações sobre a técnica da Psicanálise II). In: *Edição Standard Brasileira das Obras Psicológicas Completas de Sigmund Freud. Vol. XII. O caso de Schreber e artigos sobre técnica.* Rio de Janeiro: Imago.

[70] Ver adiante o artigo: Uma criança é espancada e Édipo: Do objeto *a* ao *falo*.

Esta estrutura, que Lacan demonstrará com o máximo rigor no nó borromeu, tem como texto clássico o escrito "O tempo lógico e a asserção de certeza antecipada"[71]. Neste texto ele retoma a lógica dos jogos modernos com minúcia e faz operar três tempos que chama: "instante do olhar", "tempo para compreender" e "momento de concluir".

No término do jogo dos discos, com o qual nos detém em suas marcações, ele dirá que "passado o tempo para compreender o momento de concluir é o mesmo de concluir o tempo para compreender"[72].

É este o único sentido do tempo, pois é desta forma que dá a conhecer aos outros que o sujeito concluiu. Conclusão que se faz numa asserção que atinge a verdade que, então, é posta em dúvida, mas que não poderia ser auferida sem que houvesse essa primeira certeza.

O desenrolar da afirmação em jogo coloca a problemática de uma verdade que se efetiva num paradoxo lógico que a perfaz, antecipando-se ao erro e "avançando sozinha no ato que gera sua certeza"[73].

Esta demonstração lógica apresenta uma depreensão do que Freud afirma em "Psicologia de grupo e análise do ego"[74], a saber, que o verdadeiro ninguém o atinge a não ser através dos outros.

Verdade e tempo são dois termos articulados por Lacan na clínica da Psicanálise, compondo o móbil da transferência. Daí decorre sua inserção, na clínica, de uma inovação técnica que abreviava a duração das sessões, pontuando o enunciado do significante, o que

---

71 Lacan, J. (1998[1955]) O tempo lógico e a asserção de certeza antecipada. In: *Escritos*. Rio de Janeiro: Jorge Zahar.

72 Lacan, J. Op. cit.: 206.

73 Lacan, J. Op. cit.: 211.

74 Cf. Freud, S. (1980[1921]) Psicologia de grupo e análise do ego. In: *Edição Standard Brasileira das Obras Psicológicas Completas de Sigmund Freud. Vol. XVIII. Além do princípio de prazer.* Rio de Janeiro: Imago. Nesta obra ele irá tomar coletivo como o sujeito do individual.

lhe valeu muito transtorno e o começo de uma guerra que culminará com o seu afastamento da International Psychoanalytical Association (IPA).

A verdade, tal como formulada na perspectiva analítica, rompe com o pretenso absoluto e galga o estatuto de uma nova Ética. A verdade da Psicanálise é a verdade do desejo, que se insinua como verdade do sujeito do inconsciente.

Este sujeito é levado pelo significante que produz tempo, como efeito evanescente da britadeira do simbólico. E o que o leva no rumo do sentido é o manancial metonímico entrecortado pela afluência metafórica, que reconduz o sentido. O tempo aí é o tempo da morte simbólica efetivada por mais um significante, situado na diferença com a barra do Outro.

O mais-um é uma conta efetuada entre analisante e analista, onde a parcela que cabe ao segundo é, enquanto função, a de mola do desejo, estar colocado como menos-um, fazendo com que neste espaço vazio advenha o sujeito de um tempo do significante. "Eis por que a transferência é uma relação essencialmente ligada ao tempo e seu manejo"[75].

[75] Lacan, J. (1998 [1964] Posição do inconsciente no Congresso de Bonneval. In: *Escritos*. Rio de Janeiro: Jorge Zahar, p. 858.

Capítulo III
Fundamento de uma Práxis

O ANALISTA E SUA FUNÇÃO NA TRANSFERÊNCIA: DE TANATOS A EROS

Na primeira cena de "Morangos Silvestres", de Ingmar Bergman, assistimos ao desenrolar de um sonho: um velho anda só, numa rua deserta. Seu rosto tem um semblante reflexivo e um relógio muito grande, enigmático, sem ponteiros, é observado por ele. Aos poucos o som do trotar de cavalos vai se aproximando. Uma carruagem desgovernada desponta. O velho observa com expressão atormentada as portas se desprenderem e de dentro despencar seu conteúdo, um caixão com um morto: o velho.

A sinistra certeza da morte e seus enigmas sempre produziram literatura, cinema, Filosofia, mas desde o começo do século XX vem provocando, também, demanda de análise. Desejo de saber da morte, da cova, do buraco em torno do qual tudo o mais se estrutura numa urdidura de Amor.

Esta demanda tem em seu fundamento algo que se move, no sentido de saber de Tanatos e Eros, propulsores da existência e de um percurso de análise, através do qual significantes apresentam-se, infinitamente.

No filme de Bergman, sonhos e diálogos são plasticamente tratados, envolvendo o espectador numa nuvem onde o tempo não possui orientação, embora haja um tempo, uma marcação temporal a que o relógio sem ponteiros alude, dessituando passado e presente, fantasia e realidade, então tomados numa relação na qual o tempo está além da história.

Esse tempo, o recurso do cinema o retrata com proeza através da imagem que se monta, desmonta, torce e retorce, polimorfa, estrondosa e harmonicamente, assim como a morte, que pode resguardar uma complexidade de sentidos.

O significante é arrendilhado no tempo, no sentido em que tempo é tomado como efeito do cruzamento dos eixos diacrônico e sincrônico, onde se faz decorrer a significação.

A referência a "Morangos Silvestres" tem o sentido de metaforizar os efeitos da morte como constitutiva do amor, cuja matéria plástica, nesta película, demarca, a partir do anúncio da morte revelado no sonho, um reencontro com o amor, travado num movimento que produz um novo tônus nas relações do protagonista. Lembranças antigas e uma seqüência de sonhos mobilizam fala e deslocamentos relançados pela radicalidade da morte, que insiste sempre reinscrevendo novos significantes.

O transcorrer da trama vai compondo um deslocamento do personagem para uma posição onde o amoroso se efetiva com estranheza e dor, constatação do irrecuperável.

Lacan inicia o Seminário da "Transferência"[76] falando de como os analistas desconhecem o amor, seguindo daí para um tratado sobre o tema, partindo da Grécia, em Platão.

Debruçarmo-nos sobre o tema do amor parece inevitável, na medida em que é por este caminho que encontramos a possibilidade de compreender as operações que se efetivam na transferência.

O "Banquete" revela a dialética da falta no amor e o jogo de engano entre amante/amado, o segundo suposto detentor de um objeto jamais existente.

O semblante dessa montagem edifica no amado o lugar do fascínio, de Agalma[77], enquanto que no amante, onde o mais se opera, na encarnação de Eros, é que é possível palpar as belezas do amor, aquilo que emerge, enquanto preciosa possibilidade, no confronto com a falta.

---

76 Lacan, J. (1992[1960-1961]) *O Seminário, livro 8, A transferência.* Rio de Janeiro: Jorge Zahar.

77 Ver adiante, no capítulo IV, "Agalma".

Esta falta é de onde se constitui o amor enquanto significante, através da construção de um objeto metafórico que entra no circuito como atributo do outro, produzindo a significação no momento da virada, em que amante se transforma em amado, fenômeno que a cada passo vai revelando seu equívoco.

A ilusória simetria composta na significação ao mesmo tempo remete ao mito no que concerne à relação com o Real, pela impossibilidade de explicar por que, o que quer que seja, responde ao desejo.

Isto posto, podemos ir adiante pensando que a elaboração borromeana dos três registros esclarece-nos, na dialética do amor, as formulações de Freud sobre o amor enquanto resistência.

Lacan nos diz que há no amor algo que será sempre da ordem do Real, não cessando de não se inscrever, sendo o que dele se inscreve operado pela mediação do imaginário, onde o amor é pura significação.

Desta forma, temos o amor colocado em cada registro: no Real enquanto impossível, no Imaginário como significação e no Simbólico, como elemento do discurso depreendido do sepultamento da Coisa.

A morte da Coisa inscreve a falta e produz Simbólico através da castração, que tem no seu fracasso a resistência, no sentido do que resiste a essa simbolização.

No começo era o Amor, diz Lacan, indo buscar no "Banquete" os discursos sobre Eros. Ele recorre ao texto de Freud, "Observações sobre o amor transferencial"[78], denunciando equívocos dessa leitura e recomendando, fundamentalmente, sua pérola: o efeito da escuta.

[78] Freud, S. (1980[1914]). Observações sobre o amor transferencial (Novas recomendações sobre a técnica da Psicanálise III). In: *Edição Standard Brasileira das Obras Psicológicas Completas de Sigmund Freud. Vol. XII. O caso Schreber e artigos sobre técnica.* Rio de Janeiro: Imago.

Na análise, as posições amante/amado conformam-se numa báscula dialética, mas ao analista cabe, enquanto função de suporte dessa escuta, não confundir-se com o Agalma a ele atribuído, porquanto não haverá jamais coincidência entre o que falta a um com o que possa existir oculto no outro.

No labirinto dos efeitos de uma escuta, um fio imaginário posto em ato pode fazer do drama um desastre, como o que encontramos na história da Psicanálise, na qual o amor de Anna O. e Breuer, sem uma escuta articulada da metáfora, faz ressurgir a morte na tragédia de um suicídio.

Entre amor e morte há ainda algo a estabelecer como elemento em jogo: a estreita relação com a culpa.

O objeto amado encarna, no decorrer do enamoramento, todos os efeitos de uma censura severa, superpondo, dessa forma, tanto os sistemas de interditos, como de concessões advindos da incidência do supereu em sua forma, como diz Lacan, mais opaca e desconcertante.

O contorno desenhado entre amor e culpa não se esgota na equação que determina o amor como impreterivelmente culpado. Amar é um modo de subtrair a culpa, demandando amor a um Outro que legisla sobre o que é culpável.

José Saramago, em "O Evangelho segundo Jesus Cristo", reconta a história que remarcou o tempo a partir da morte de Deus, subtraindo a perspectiva do divino e incorrendo numa versão onde os elementos são as mazelas da condição humana, no que esta porta de inevitável invasão do Outro.

A tônica de Saramago é, por excelência, a morte, o amor e a culpa, tecendo a história em torno da culpa de José, que teria salvo o filho da matança dos soldados de Herodes, sem ter denunciado o holocausto que descobrira. Do dia seguinte à morte dos infantes até sua morte na cruz, quando o filho contava 12 anos, José terá um sonho em que matará Jesus. Este sonho o primogênito herdará do lugar de filho, sendo atormentado pelo fantasma do pai a matá-lo em seu sono, levando-o a interrogar na Sinagoga se os filhos herdam a culpa dos pais. À sua mãe, o vaticínio havia sido feito em seu nascimento: "Sobre a cabeça dos filhos há de sempre cair a culpa dos pais, a sombra da culpa de José já escurece a fronte do teu filho"[79].

Enquanto o tormento de José o fazia agonizar, ao pensar que o filho que amava era a sua culpa, Saramago, em forma de coro grego, interpõe na narrativa: "Ora, não será tal o caso deste rapaz que acaba de enterrar o pai, com ele não se vai acabar o mundo, ainda cá ficaremos milênios e milênios em constante nascer e morrer, e se o homem tem sido, com igual constância, lobo e carrasco do homem, com mais razões ainda continuará a ser o seu coveiro"[80].

Como analistas recorremos à história e encontramos desde sempre a questão repetida sobre o pai. No entanto, para a Psicanálise, esta função do pai é interrogada em seu cerne.

O que é um pai? Freud percorre sua obra guiado por esta interrogação, formulando que o pai não é apenas um mortal, mas assassino, o que nos apresenta na forma do Complexo de Édipo, de "Totem e tabu", ao falar de Hamlet, de Moisés, do Deus cristão, etc.

Ele nos diz que, na medida em que o pai for interiorizado, constituirá o supereu e que, por ser interior, do ponto de vista libidinal, é um suficiente investimento narcísico. Sobre o que Lacan dirá que a relação com o pai é a mais obscura e menos natural, a mais puramente simbólica, e que circunscreve a edição do amor.

O amor é indomável pelas deliberações e o par que o compõe, amante/amado, atrela-se por uma solda inquebrantável, enquanto se faça ativa a aura imaginária que o sustenta. Neste circuito, um representa para o outro a mais contundente autoridade moral.

Se a função do analista é análoga à função paterna e sua posição é sobre o que nos interrogamos, então temos que pensar

---

79 Saramago, J. (1991) *O Evangelho segundo Jesus Cristo.* São Paulo: Companhia das Letras, p. 116.

80 Saramago, J. Op. cit.: 173.

sobre o poder da transferência pelos caminhos da relação analista/ analisante, cujo acesso é a via do amor.

O desejo é sempre desejo do Outro, como nos ensina Lacan, na medida em que se produz nessa tomada subjetiva de um encontro fundante que, em sua essência, não passa de efetivo desencontro. No entanto, seu manancial procura incessantemente um objeto que materialize o que está no cerne do desencontro vital, para o que a função do analista se presta representando, provisoriamente, o significante do objeto perdido mirado pelo desejo.

Freud, em "Psicologia de grupo e análise do ego"[81] comenta sobre o temido pai da horda, sobre o desejo de ser governado por uma força irrestrita, paixão extrema pela autoridade que determina obediência. O pai primeiro é o ideal do grupo, que dirige o ego no lugar do ideal do eu; não necessita amar ninguém e é de uma natureza absolutamente narcísica, a partir de que Lacan adverte adiante, dizendo que, no próprio lugar que é o seu, o analista deve se ausentar de todo ideal do analista.

O amor de transferência deverá dar sentido à ascensão de idéias singulares do sujeito do inconsciente. Sentido da cadeia significante e não da significação, o que difere de um tratamento emocional e afetivo de um eu ideal ou de um ideal de eu onde se fazem identificações imaginárias. Esses efeitos fazem recuar o sujeito, imunizam-no, impedindo-o de remetê-lo ao seu desejo, a partir de que se reconhece e se instala.

O lugar do analista na transferência exige-lhe luto. O luto do analista de que nos fala Lacan, no último capítulo de "A transferência", dimensionando esse lugar posto pela transferência e em causa, sempre que se trata da posição do ideal do eu, dizendo:

"O amor somente pode circundar o campo do ser. E o analista, este só pode pensar que qualquer objeto pode preenchê-lo. Aí

---

[81] Freud, S. (1980[1921]). Psicologia de grupo e análise do ego. In: *Edição Standard Brasileira das Obras Psicológicas Completas de Sigmund Freud. Vol. XVIII. Além do princípio de prazer.* Rio de Janeiro: Imago.

está onde nós, analistas, somos levados a vacilar, nesse limite onde se coloca a questão do que vale qualquer objeto que entre no campo do desejo. Não há objeto que tenha maior preço que um outro – aqui está o luto em torno do qual está centrado o desejo do analista"[82].

Se, do lado do analisante, a análise tenta dar contas da inscrição de perdas imaginárias, do saber do fracasso da ilusão de um ideal, do lado do analista promove, como diz Lacan, na ousadia de interrogar um ser, o risco de desaparecer.

Nossa função na análise é de mola para o desejo, efeito depreendido ao colocarmo-nos no lugar de objeto que o causa, objeto *a*. Nesse sentido, o silêncio que emitimos situa a dimensão de nossa implicação nisto que aí falta-a-ser, no ponto em que isto efetiva o que nos detona, faz barra, a barra do Outro.

E é nesse circuito de mortes a todo tempo renovado numa análise que, ao mesmo tempo, emergem construções e criações singulares.

O amor de transferência é uma formação do inconsciente e, como é da natureza dessas formações, anuncia morte, aquilo que de um significante a outro está para sempre perdido e que coloca em relevo a beleza da transitoriedade, movimento contínuo das produções de uma análise.

---

[82] Lacan, J. (1992[1960-1961]) *O Seminário, livro 8, A transferência.* Rio de Janeiro: Jorge Zahar: 381.

O AMOR NO TRILHO DA TRANSFERÊNCIA

De Sócrates a Marguerite Duras, passando por Abelardo e Heloísa, todos os tempos declamaram o amor, seja filosofando, em versos, em trovas, aos brados. Para o humano nunca foi possível desconhecer os ardores, as doçuras e as armadilhas do amor, embora, apesar de tantas tentativas de simbolizá-lo, suas nervuras deixem sempre obscura uma parte das faces que o constituem.

Freud interrogou o amor desde os primeiros passos de sua clínica. Aliás, foi mesmo no rastro de uma construção amorosa que a clínica psicanalítica trilhou seu principal pilar: a Transferência, a partir da história de Breuer e Anna O..

Freud não temeu o amor como seu colega, mas, sim, intrigou-se com o que dali decorria; o que vinha a ser tão imperioso acontecimento atravessador de um tratamento?

São muitos os textos de Freud sobre o amor. Aliás, ele conheceu bem seus meandros e isso nos é dado a conhecer em sua biografia, através das cartas do período de seu longo noivado atormentado de amor que seu biógrafo autorizado, Ernest Jones, nos comunica, reservando um capítulo especial que assim se inicia:

"A vida íntima de qualquer homem, aquilo que representa o cerne de sua personalidade, não pode ser compreendida sem que se tenha algum conhecimento de sua atitude em relação à emoção básica do amor. Nada revela a essência de sua personalidade tão penetrante e tão completamente, quanto as variações das reações emocionais que se dão nessa esfera, desde as mais grosseiras até as mais sutis, já que poucas situações no curso da vida põem tão rigorosamente à prova a harmonia da sua mente.

Essa era uma vertente da sua natureza que Freud conservou estritamente reservada à jurisdição da sua vida privada: sua capacidade para o amor e para as demonstrações de ternura"[83].

Entre tantos escritos de Freud sobre esse tema, há os que apontam para o adoecimento amoroso ou mesmo a loucura do amor.

Rimar amor e dor, amor e loucura é, sem dúvida, o que as palavras mais arranjam na poesia, na literatura, na música, etc. Mas há nessa operação uma forma curiosa, onde o desatino é a maior expressão, de onde se costuma perguntar, a quem faz um lapso, se está amando.

Além disso, o amor é capaz dos maiores sacrifícios em favor do amado ou de sua admiração, o que ora pode ter um efeito de belo, ora de cômico.

Assim escreveu Heloísa:

"Em todas as situações de minha vida (Deus sabe), temo mais te ofender do que ofender a Deus e desejo mais te agradar do que agradá-lo. Foi tua ordem e não o amor de Deus que me trouxe para a vida religiosa. Vê, pois, que vida infeliz e de todas a mais infeliz levo eu, se, agora, em vão, suporto tantos sofrimentos, pois nenhuma recompensa haverei de ter no futuro"[84].

Esta é a faceta que nos é dado conhecer do amor: sua expressão. Este campo Imaginário, no entanto, é forjado por uma articulação que envolve o Real e o Simbólico em sua constituição.

Amar e Amor se distinguem. O primeiro é um estado onde basculam as expressões das demandas num circuito entre amante e amado, constituindo um bordado de elementos imaginários operadores do simbólico. O segundo é mesmo a operação que costura a fissura, constitutiva do humano, da falta radical com a qual cada um se depara.

---

[83] Jones, E. (1979) *Vida e obra de Sigmund Freud*. Rio de Janeiro: Jorge Zahar, p. 125.

[84] Rocha, Z. (1997) *Abelardo e Heloísa, cartas: as cinco primeiras cartas traduzidas do original apresentadas e comentadas por Zeferino Rocha*. Recife: Universidade Federal de Pernambuco, p. 241.

Mas o que importa demarcar é onde encontrar o ponto central do que podemos reter de articulado, daquilo que aprendemos em Freud e com Lacan a respeito das relações do amor na cena analítica, de sua expressão à relação de objeto.

Quando Lacan em seu Seminário sobre "A transferência", denuncia o quanto os analistas desconhecem o amor, ele o faz, reportando-nos ao "Banquete" de Platão, o que nos impõe um olhar para esse tema desdobrado em múltiplas perspectivas. Mas nos lembra de que, talvez, nada sirva tão bem ao tratamento dessa questão que um olhar através do cinema.

Entre amor e desejo impõe-se uma relação.

Desejo, como nos ensina Lacan, é sempre desejo de desejar; para o desejo não haverá jamais um objeto correspondente. Mas esse desejo é sempre uma operação que move a construção forjada de um objeto possível de contornar a falta, constituindo a demanda.

No entanto, sabemos que demanda é sempre demanda de amor. O que nos deixa a pensar que, se demandamos um objeto que supostamente dê conta da falta radical a que estamos submetidos, então o amor seria a aura desse objeto enquanto bordejamento essencial da falta.

Mas essa relação de objeto, é necessário dar-lhe relevo, para acompanharmos as articulações possíveis às questões do amor.

O objeto apresenta-se como perdido. E será sempre redescoberto, aparecendo insistentemente numa reciprocidade imaginária, ou seja, em toda relação do sujeito com o objeto o lugar do termo em relação é, ao mesmo tempo, ocupado pelo sujeito. Assim, a identificação com o objeto está no fundo de toda relação com este.

É partindo daí que encontramos o ponto em que a relação de objeto mais se liga à prática psicanalítica, onde Lacan aponta para o perigo de um imperialismo da identificação, como se o progresso da análise pudesse ir no sentido de uma identificação ao eu do analista.

Na experiência da análise, jamais podemos prescindir da noção da falta de objeto como central, dando a esta o caráter de mola da relação do sujeito com o mundo.

Portanto, a análise da neurose principia pelo paradoxo da noção de castração. É isso que Lacan vai soerguer em seu Seminário 4 sobre a "Relação de objeto"[85], distinguindo castração de frustração e privação.

A castração foi introduzida por Freud de uma maneira absolutamente coordenada à noção da lei primordial, do que há de lei fundamental na interdição do incesto e na estrutura do Édipo.

É seguindo por este caminho que encontramos, no Seminário da "Transferência", a assertiva de Lacan de que aquilo que se vai procurar na análise é esse objeto perdido; no entanto, o que aí vamos encontrar é uma falta radical e isso aprendemos na análise, amando.

É porque somos falantes que nos constituímos na relação com a língua e com a linguagem, onde encontraremos o sujeito minando na formação de um sintagma, nas múltiplas posições da sintaxe.

Neste sentido, Alduízio Souza[86] nos propõe pensar que encontramos, no circuito discursivo, a relação do substantivo, do verbo e do adjetivo: desejo, desejar, desejante. É esse deslizamento do circuito do desejo posto pela linguagem que produz o ato de desejar, fundante do desejante e, conseqüentemente, expresso na vida social e cultural no deslocamento do amor, amar e amante.

A primeira série é de operações, a segunda de efeitos. Essas operações, no entanto, são marcadas pela intervenção da lei, da função paterna, do Nome-do-Pai, que pontua a diferença, a partir do corte que constitui o tecido criativo do humano.

Desta forma, podemos pensar que o deslizamento entre desejo e amor é análogo ao deslizamento entre ética e moral, como pares que ordenam a passagem do ato à sua expressividade pela via da linguagem. É no cruzamento com esse ponto mínimo inicial, no qual uma ação é fundada, que encontramos sua conseqüência ética, aí, onde na relação com o Outro, na relação de objeto, também está presente a construção amorosa.

---

[85] Lacan, J. (1995[1956-1957]) *O Seminário, livro 4, A relação de objeto*. Rio de Janeiro: Jorge Zahar.

[86] Souza, A. (1996) *Os impasses do Amor.* Porto Alegre: Artes Médicas.

O BELO NA TRANSFERÊNCIA

O teatro, o cinema, as obras literárias, as canções que nos embalam pertencem a um terreno onde algo hipnótico e adormecedor se passa.

Escrever sobre "o belo" é dar-se a um certo labor apático, diante do deslumbre dele emanado.

Shakespeare, Van Gogh, Mozart, o que há enfim que os inclui na doutrina kantiana, segundo a qual o belo tem uma universalidade que exige ser compartilhada, ou seja, o belo exige por sua própria definição que todos percebam esta beleza, para além de uma questão de gosto?

Um imperativo, uma espécie de fim absoluto, ou, nas palavras de Kant, uma finalidade sem fim.

O belo, o objeto estético, possui para quem sabe contemplá-lo uma inesgotabilidade, uma estranha presença palpável e fugidia, próxima e distante, que se impõe a cada ato de contemplação dirigido para o objeto estético, singular e único, que guarda uma essência só por ele possuída e que só nele pode ser captada.

Enquanto sensata convicção ressoa a questão: o que é belo é, por quê? Essa razão obscura, pode-se bordejá-la pela máxima popular: "lindo de morrer".

A princípio é uma aparente contradição: a caminho do belo encontremos a morte. A morte, esse sinistro imperativo horripilante da vida, contém como que a condição do belo.

Um texto literário serve, com primor, para ilustrar essa construção.

Trata-se de um conto de Garcia Márquez: "O afogado mais bonito do mundo"[87].

Márquez conta a história de uma aldeia de pescadores, na qual aparece o corpo de um afogado. Toda a aldeia se empenha em procurar inutilmente os donos daquele afogado. Ninguém tinha parte com ele, um estranho desconhecido, que aos poucos inebria toda a aldeia, partindo das crianças, passando efusivamente pelas mulheres, até chegar aos homens.

Esse corpo de um morto toma o lugar das fantasias mais singelas e arrebatadoras na aldeia. Estêvão, nome dado ao cadáver pelas mulheres, é descoberto "belo" por todos. As crianças o admiram, as mulheres se apaixonam e os homens se enciúmam, o invejam e com ele se identificam.

O conto, em seu realismo fantástico, dramatiza, ao mesmo tempo que embeleza a preparação do sepultamento de Estêvão, que aos poucos metamorfoseia-se, de estranho, no que há de mais familiar a cada um daqueles que compõem os moradores da aldeia. Em detalhes, vai se preparando um funeral rico em adornos e manifestações amorosas.

"O afogado mais bonito do mundo" se põe nessa conexão entre a morte e a beleza, naquilo que nela recorta o lugar da falta, do impossível. O que falta, por faltar, constitui-se causa do desejo, campo onde se edificam e se constituem objetos, falsetes da inescapável condição da hiância do humano.

A beleza é alguma coisa como a perfeição de uma forma, de uma fórmula, onde o que se busca é o absoluto. Absoluto que, matematicamente, significa o que não é acrescentável, onde nada mais falta, lugar da morte.

Mas belo não deve ser entendido como o cânone estético do plausível. O belo, se às vezes é fórmula perfeita, é sobretudo tom, estilo e, essencialmente, ritmo.

---

[87] Márquez, G. (1972[1968]) O afogado mais bonito do mundo. In: *A incrível e triste história da Cândida Erêndira e sua avó desalmada.* Rio de Janeiro: Record.

Esse ritmo, provavelmente, é o que Lacan nomeia de pulsão invocante, demanda na sua forma mais primitiva. Para Freud, a pulsão é um impulso com força constante que tende à descarga.

Constância que, segundo Lacan, não procede do biológico, que é, antes de tudo, ritmo. O enigma dessa constância só pode ser compreendido como função da demanda, que é a articulação do desejo eterno.

A produção é sempre uma demanda, no mínimo demanda de reconhecimento. O ritmo, por sua vez, vem da necessidade que é repetição e parece possuir duas características fundamentais da pulsão: a fronteira entre o somático e o psíquico e o movimento de ida e volta que constitui uma borda por onde se delimita o vazio central.

A constituição desse vazio determina toda forma de sublimação e aponta para a "Coisa" que permanece no fundo sempre velada e representada por outra coisa, edificando o que caracteriza toda obra.

Joseph Attié nos fala sobre isso acrescentando: "Pode-se dizer que a beleza é alguma coisa que tem um efeito de cegamento culminando, por um só golpe, numa espécie de iluminação. Diante dela, há como que uma captura, uma suspensão de todo ser e o que se impõe é uma espécie de encontro, uma verdade de todo tempo, o avesso provavelmente do sentimento de estranheza"[88].

A beleza no que esta tem a ver com a morte, a própria morte, que é subjetivamente o que está em jogo em toda criação, é sobretudo o preço de sua própria perda.

Freud discute sobre o tema do belo contando-nos que, numa caminhada com dois amigos, um deles um jovem poeta, admiravam a beleza do cenário, enquanto que o poeta não conseguia com isso alegrar-se. Perturbava-o o pensamento de que toda aquela beleza estava fadada à extinção, de que desapareceria quando chega-

[88] Attié, J. (1989) O dito/o escrito – O necessário, o impossível, o contigente. In: *Revista Isso.* N° 1. Minas Gerais: Despensa freudiana/Governo de Minas Gerais.

do o inverno, como toda beleza humana e toda beleza e esplendor que os homens criaram ou poderão criar.

A propensão do que é belo e perfeito à decadência promove dois impulsos diferentes. Um leva ao desalento, outro conduz à rebelião contra o fato consumado.

O que é penoso pode, não obstante, ser irrefutável e Freud ressalta que o efêmero da beleza não implica na perda de seu valor, pelo contrário, implica num aumento.

Em seu texto "Sobre a transitoriedade", ele conclama: "A beleza da forma e da face humana desaparece para sempre no decorrer de nossas próprias vidas; sua evanescência, porém, apenas lhes empresta renovado encanto. Uma flor que dura apenas uma noite, nem por isso nos parece menos bela. Tampouco posso compreender melhor por que a beleza e a perfeição de uma obra de arte ou de uma realização intelectual deveriam perder seu valor, devido à limitação temporal"[89]

O valor de toda essa beleza é determinado somente pelo que produz de significação para a nossa vida emocional, não precisa sobreviver a nós, independendo, portanto, da duração absoluta.

Em "Psicologia de grupo e análise do ego", Freud põe em evidência os avatares da pulsão escópica. Lacan, por sua vez, discute sobre o que se constitui num "encontro de olhares", bifurcando um olhar insuportável do que chama olhar Divino.

Moisés, ao subir ao monte para buscar as tábuas, constitui um olhar que intermedia Deus e os homens. Ao descer, seu rosto estava marcado pelo fogo que explode no momento em que vê Deus.

Essa marca, podemos tomá-la como metáfora de uma inscrição arcaica, em que o sujeito pode se suportar até mesmo como observador, ou seja, um encantamento ante um fascínio mortífero, condição para suportar um gozo mortífero.

---

[89] Freud, S. (1980[1915]) Sobre a transitoriedade. In: *Edição Standard Brasileira das Obras Psicológicas Completas de Sigmund Freud. Vol. XIV. A história do movimento psicanalítico.* Rio de Janeiro: Imago, p. 346.

Aquilo que Freud aborda num pequeno texto, contendo ainda muitas categorias biológicas, "A cabeça de Medusa"[90], mostra-nos a Medusa com sua face horripilante; no entanto, exibindo um belo subliminar, ao que nela remete à castração.

Poderíamos falar do belo como um momento instantâneo de superposição de gozo e castração, ou melhor, com uma face mortífera e uma encantadora.

É a castração sobre o fascínio que promove a criação, possibilitando escapar do aprisionamento mortífero.

E neste ponto reportemo-nos ao mito de Narciso, o qual não poderia deixar de inserir-se aqui.

Parece que a impossibilidade da dialética fascínio/castração mata Narciso afogado no encantamento de sua própria imagem, aprisionamento absoluto, suspensão estagnada do desejo.

Do ponto de vista da clínica da Psicanálise, poderíamos vislumbrar uma posição na qual essa dimensão da castração atravessa o fascínio narcísico, desdobrando a possibilidade dos elementos subjetivos.

Na *Proposição de 9 de outubro de 1967*, Lacan escreve: "Mas quem sabe melhor do que Sócrates que ele só possui a significação que ele engendra ao reter esse nada, o que lhe permite remeter Alcibíades ao destinatário presente de seu discurso, *Agaton* (como por acaso): isto para ensinar-lhes que, ao obcecar-se pelo que lhes concerne do discurso do psicanalisante, vocês ainda não estão aí"[91].

Essa operação narcísica na transferência, Lacan a revela no seu oitavo Seminário, enquanto enfatiza o caráter de engodo que a sustenta.

---

90 Freud, S. (1980[1922]) A cabeça de Medusa. In: *Edição Standard Brasileira das Obras Psicológicas Completas de Sigmund Freud. Vol. XVIII. Além do princípio de prazer.* Rio de Janeiro: Imago.

91 Lacan, J. (1991[1967]) Proposição de 9 de outubro de 1967. In: *Tear – Publicação Aperiódica dos Grupos e Cartéis.* Porto Alegre: Associação Psicanalítica de Porto Alegre, p. 40.

Em “O mal-estar na civilização”[92], Freud mostra o quanto o sujeito adoece ligando a pulsão aos significantes que o localizam e suspendem numa determinação representativa que o identifica parcialmente, alienando-o na busca do olhar que, um dia, o constituiu como o eu ideal.

O desejo do analista tem relação com esse Real da Pulsão de Morte, que insiste em silêncio e serve de operador lógico para, na posição de morto, fazer presente o significante da morte, produzindo a abertura do ser no mundo do símbolo.

---

92 Freud, S. (1980[1929]) O mal-estar na civilização. In: *Edição Standard Brasileira das Obras Psicológicas Completas de Sigmund Freud. Vol. XXI. O futuro de uma ilusão.* Rio de Janeiro: Imago.

Capítulo IV
Pulsão e Desejo: Efeitos da Falta

O ESTATUTO DO DESEJO NA PSICANÁLISE

A clínica da Psicanálise impõe um rigor irredutível ao tratamento das questões que nela se apresentam, para as quais encontramos nas letras de Freud e Lacan balizas que permitem operá-las. No entanto, as inquietações produzidas no circuito da transferência não encontrarão nessas balizas um modelo para o ato analítico. Esta é, sem dúvida, a gravidade do lugar do analista no vigor de sua função: ver-se colocado no lugar de objeto *a*, causa de um desejo perenemente enigmático, lugar impossível, eixo da morte.

Esta constatação impõe o terreno onde todo o tecido da obra psicanalítica deverá ancorar: sua Ética.

Se miramos o Real, que circunscreve o enigma do humano a partir do campo do Simbólico, o fazemos sempre marcados de uma singularidade desejante que se constitui no Outro. Freud e Lacan estiveram sempre nos apontando esta dimensão que, em sua gravidade, é o princípio fundante do inconsciente.

Freud irá buscar nos gregos, mais precisamente no mito de Édipo, a história da maldição que marca e atravessa o lugar de toda uma descendência como a que acomete os filhos de Labdaco. De dentro do mito de Édipo, Freud debruça-se sobre a tragédia humana, revolvendo todo um conjunto de elementos que nos fornece a lógica de um complexo. Certamente que não é por acaso que grande parte do texto da magnânima tragédia grega atravessa milênios e se torna ponto de partida para a grande revelação da modernidade: o inconsciente. O mito e a tragédia grega parecem conter, destarte, uma possibilidade, jamais encontrada nos escritos de outros povos, de metaforizarem os arcanos da subjetividade humana.

O pensamento freudiano subleva de tal forma os alfarrábios do conhecimento na história da humanidade que elide a possibilidade de estar atrelado a qualquer que seja o campo das construções que o precede, ao mesmo tempo que seu diálogo com estas construções é absolutamente indispensável e constitutivo.

Acompanhar como se forma na cultura um sistema de pensamento como o de Freud é tentar percorrer um caminho íngreme, onde cada passo é marcado de pegadas que nem sempre são firmes, mas que, sem dúvida, são definitivas e inapagáveis.

Foram praticamente dois mil e quinhentos anos, do que podemos ver e entrever desses alfarrábios, para que se tornasse possível uma afirmação contundente como a de Freud, que, na verdade, esteve sempre lá desde as primeiras linhas, assim que a escrita reservou à posteridade o que aos homens foi dado pensar sobre seus enigmas.

O inconsciente, tal como Freud nos revela com as leis que determinam o que reúne letra a letra, ficou velado enquanto possibilidade de dar-se a conhecer numa concatenação de muito rigor conceitual, até o século XX; no entanto, esteve a mostrar-se desde sempre.

Mas a vereda condutora desse acesso genial é bastante curiosa. Ao contrário de todos os sistemas de pensamento onde foram cimentados tijolos de uma longa edificação sobre o humano, particularmente a subjetividade, que tem seu terreno bem demarcado na Filosofia, a Psicanálise se funda partindo de uma questão que se produz num cenário de uma prática médica. E, apesar de ser bastante claro, de princípio, que sua fundação se faz numa ruptura com esta prática, não devemos desconhecer este elemento.

É claro que todos que conhecem a biografia de Freud estão a par de que ele nunca esteve realmente enamorado da Medicina. O que o levou por este caminho foi seu encontro com as novas proposições enunciadas por Darwin, que exerceram sobre ele um enorme fascínio. Podemos, portanto, pensar que este terreno não deixava de conter uma intrínseca familiaridade com as questões filosóficas, posto que fazia retornar a antiga perplexidade sobre o Ser, que esteve engrenada na Filosofia, por conter nela seu fundamento, desde os naturalistas.

Darwin parece reencarnar o retorno das interrogações sobre a natureza, para continuar perseguindo a mesma e insistente questão tomada pela Filosofia com o ícone da subjetividade, desde os pré-socráticos: o que é o homem? De onde vem?

É muito curioso que Freud se depare com esta questão e que fique num verdadeiro dilema sobre que caminho seguir: o Direito ou a Medicina. Do primeiro conhecemos suas aproximações pela via das identificações com Alexandre, que dizia do que nele era fome de conquista e de uma referência heróica, representação assaz para a suplência de um pai subordinado à lei. Do segundo, o encontro com a obra de Darwin.

Não é pouco o que aí se faz vértice. O resultado que se produz é um ângulo onde se sublinham logo de início a lei, o desconhecimento e o encontro com uma verdade.

Falar de verdade é estar submetido à urgência de circunscrever de que verdade se irá tratar. É bem possível que, se estamos tratando de conceitos que se produzem no campo psicanalítico, esteja logo apontado que esta verdade que aqui levaremos adiante é a verdade do desejo.

A subjetividade tem, com efeito, uma aparente feição escorregadia ao que é da ordem de uma conceituação cartesiana; há até quem pense que não havia subjetividade para os gregos. No entanto, desde que Lacan introduz na cultura as afirmações de que o único universo possível é o universo de linguagem, não escapamos de encontrarmo-nos com a subjetividade de onde quer que partamos, onde quer que aportemos.

É, portanto, diante desta verdade do desejo que terão que se ver aqueles que são, por este mesmo enigmático desejo, levados ao exercício da função de analista. E se esta verdade porta em sua natureza uma intrínseca relação com o enigma, produz-se aí, no cerne deste reconhecimento, algo que é mesmo estonteante: a atopia da Psicanálise.

Encontrar no desejo uma relação com a morte é deparar-se com uma revelação custosa; e isto não deixou de ser, depois da revelação da imperiosidade da sexualidade, outra das afirmações freudianas que faz com que até hoje, para muitos, a Psicanálise seja uma certa orgia do pensamento de Freud.

Entretanto, não há como se possa escapar da tragédia deste tão obscuro desejo humano, essencialmente habitado de sexualidade e morte, termos que possuem uma intrínseca relação entre si. É isto que nos aponta para o mito da horda primitiva que Freud forja como metáfora da dialética parricídio e incesto – sexualidade e morte, vergões do desejo.

A clínica da Psicanálise confirma, a cada analista, este veredicto inescapável do tônus da tragédia que concerne ao homem.

A tragédia do desejo advém de seu determinismo desconhecido, como já se dava conta o povo grego, que falava de um certo destino tecido de um encadeamento dos fatos que incidiam repetidamente nas gerações sucessivas de um mesmo nome, sem que nada se soubesse sobre este enigma.

Muitas foram as imagens que o humano ensejou como expressão deste viés incontestável do desejo: toda a mitologia grega, romana, germânica, nórdica, a literatura de todos os povos, a narrativa dos sistemas religiosos, enfim, não falta onde encontrar, na cultura, caminhos diversos onde o mal-estar do homem na civilização encontra elaborações.

É preciso no entanto ressaltar que o que é da ordem do desejo o é do ponto em que o humano é fundado e por aquilo justamente que o produz, a saber: a linguagem.

Todo este campo da conceituação do desejo, enquanto relativo à sexualidade/morte e calcado no desconhecimento é antes de tudo fato de linguagem, posto que o que é da ordem de um desejo é constituído diante de Outro, no ponto em que o jogo das demandas vitais edifica um encadeamento significante, que é a presentificação de uma ausência radical, metaforizada por um nome.

É este nome que se desdobra na cadeia significante suportada pelo significado irredutível que é o falo, representação do suposto objeto do desejo – perdido e, ao mesmo tempo, procurado na ilusão – que fará com que a língua permita a cada um encontrar, não por acaso, miragens possíveis de fazer existir, aqui e ali, algo que por algum tempo presentifique a ausência. Este tempo evanescente, distinto de qualquer cronologia, é também o tempo que faz confundirem-se, em gerações diferentes, modos de tornar presente o objeto.

O desejo incansável encontra neste trágico desconhecimento a possibilidade de bordejar uma verdade sempre parcial, tomado nos possíveis agalmas e significantes, e de fazer das escansões que operam em seu curso, seu sentido, verdadeiras acrobacias, torções derrisórias que permitem que se encontrem no trágico e no cômico os sinais da divisão de seus sentidos e de suas veredas.

É este estatuto do desejo o termo com o qual vai se ver um analista em sua função, do ponto em que, tendo percorrido os caminhos dos nomes de sua própria tragédia, possa suportar os destinos do amor e do ódio na transferência.

AGALMA

É no Seminário da "Transferência"[93] que encontramos a mais articulada elaboração de Lacan a respeito de Agalma. Ele nos apresenta Agalma como algo que tem um valor de enigma, situando sua etimologia, *Agallo*, que, do grego, quer dizer enfeitar, ornamentar.

A dialética das operações que se efetivam na transferência são magistralmente expostas, tomando como matéria de fundo o acontecimento contado por Platão, em seu "Banquete". No dia seguinte às comemorações de um prêmio literário ganho por Agatão, ele reúne em sua casa alguns convivas que, por estarem fatigados da festança da noite anterior e ressacados da bebida, decidem estabelecer como divertimento daquela ocasião um rodízio de discursos em homenagem a Eros. Ao final da proclamação dos discursos que culminam com a palavra de Sócrates, Alcibíades, seu amante recusado, adentra no recinto e tumultua a ordem estabelecida, propondo que cada um que ali estivesse proferisse um elogio a seu vizinho da direita, inaugurando ele próprio o novo movimento.

A introdução do termo Agalma, no "Banquete", se dá no momento em que Alcibíades entra em cena e muda as regras do jogo.

Ao contrário de outros estudiosos do "Banquete", Lacan dispensa muita atenção para o que se passará nesse comenos amotinado do texto, considerando os elementos que irão revelar-se na cadência do elogio feito por Alcibíades a Sócrates como uma metáfora

---

93 Lacan, J. (1992[1960-1961]) *O Seminário, livro 8, A transferência*. Rio de Janeiro: Jorge Zahar.

para abordar a topologia do Outro e do objeto *a* ali representados num circuito que se dá entre Sócrates, Alcibíades e Agatão.

O que pensar, no entanto, de quando Lacan evoca este termo, sublinhando-o e revelando-nos seu caráter enganoso, enigmático e sedutor? Qual a função de Agalma, na dialética das operações da "Transferência", que Lacan nos apresenta nesse Seminário?

Para tentar elucidar estas questões percorreremos um caminho, partindo do que ele suscita no final da discussão sobre o "Banquete":

"Basta lançar um olhar, mesmo superficial, ao que se seguiu, à Contra Reforma, ou seja, a erupção daquilo a que se chamou a arte do Barroco, para perceber que isso não significa outra coisa senão a colocação em evidência, a ereção como tal do poder da imagem no que esta tem de sedutor"[94].

Quando Lacan evoca o Barroco, destaca o que há de superlativo na imagem apontando, a princípio, a partir dos labirintos da estética, uma malha imaginária. Mas fará isso aludindo ao jogo enganoso para o qual isso se presta, na medida em que o que há de superlativo nessas imagens se erige para encobrir o buraco revelado pela Reforma.

O que podemos entrever em torno da inserção de Agalma é mesmo esse "em torno". Lacan como que mapeia uma espécie de topologia, que mais parece uma alusão à topologia do Toro. Agalma: bordejamento da morte/criação.

A pulsão de morte é um gume móbil que articula a cadeia significante num movimento de contínua escansão. Os sulcos que são infligidos insistentemente no manancial da engrenagem significante revelam a indefectibilidade do desejo e a natureza paradoxal de seu objeto, que é criado e recriado incessantemente, já que não é dado existir.

---

94 Lacan, J. Op. cit.: 165.

Lacan nos diz que ela é uma vontade de destruição direta, o que a diferencia do registro da tendência ao equilíbrio e a toma como vontade de recomeçar com novos custos, vontade de Outra-Coisa, pondo em causa tudo que existe e sendo, igualmente, "vontade de criação a partir de nada"[95].

Não é tarefa simples precisar o que Lacan entreviu, quando fez ecoar esta palavra grega *Agallo*, para fazer dela uma noção. Ele abre esse capítulo sobre o Agalma perguntando: "De que nos enfeitamos? Para que enfeitar-se? E com quê?"[96].

Num conto de Márquez já citado anteriormente, "O afogado mais bonito do mundo", um morto aparece numa aldeia de pescadores e instantaneamente enfeitiça a todos, a começar pelas crianças que com ele brincam encantadas, passando pelas voluptuosas fantasias das mulheres, até ganhar o respeito e a admiração dos homens, mas o que chama a atenção é a odisséia desencadeada na aldeia para enfeitar "Estêvão" e seu funeral.

Fizeram-lhe calças, camisas, puseram-lhe flores, arranjaram lençol, pentearam-no, cortaram-lhe as unhas e barbearam-no, puseram escapulários do bom vento, abotoaram-lhe uma pulseira de orientação e mais e mais "relíquias de quinquilharias". Houve tantas flores e tanta gente que mal se podia caminhar.

Agalmas enfeitam a morte bordejando-a e edificam a partir desse corte que, como no conto de Márquez, tudo modifica:

"Mas também sabiam que tudo seria diferente desde então, que suas casas teriam as portas mais largas, os tetos mais altos, os pisos mais firmes, para que a lembrança de Estêvão pudesse andar por toda parte, sem bater nas traves, e que ninguém se atrevesse a sussurrar no futuro já morreu o bobo grande, que pena, já morreu o bobo bonito; porque eles iam pintar as fachadas de cores alegres

---

95 Lacan, J. (1988[1959-1960]) *O Seminário, livro 7, A ética da Psicanálise*. Rio de Janeiro: Jorge Zahar, p. 260.

96 Lacan, J. (1992[1960-1961]) *O Seminário, livro 8, A transferência*. Rio de Janeiro: Jorge Zahar, p. 139.

para eternizar a memória de Estêvão, e iriam quebrar a espinha cavando mananciais nas pedras e semeando flores nas escarpas para que, nas auroras dos anos venturosos, os passageiros dos grandes navios despertassem sufocados por um perfume de jardins em alto-mar, e o capitão tivesse que baixar do seu castelo de proa, em uniforme de gala, astrolábio, estrela polar e sua enfiada de medalhas de guerra, e, apontando o promontório de rosas no horizonte do Caribe, dissesse em catorze línguas, olhem lá, onde o vento é agora tão manso que dorme debaixo das camas, lá, onde o sol brilha tanto que os girassóis não sabem para onde girar, sim, lá é o povoado de Estêvão"[97].

A articulação que é possível tecer com esses elementos caminha no sentido de aproximar a relação entre objeto *a* e Agalma numa relação estabelecida entre o falo e o fetiche.

Mas Agalma não é propriamente sinônimo de objeto *a*: Agalma é uma expressão de representações possíveis dele, circundantes no nível do discurso numa operação metonímica, transcorrida através do trilho do desejo.

Agalma, enquanto que faz borda no real do corpo, distingue-se do fetiche situando-se em torno do Real. O Fetiche revela e vela o imaginário do falo, enquanto Agalma circunda o vazio, velado numa operação que constitui criação, a partir de que, num jogo de engano próprio à transferência, edifica, numa representação simbólica, metonímica, ao nível da cadeia significante, um pretenso Bem.

É nesse sentido que, na cena platônica que Lacan recorta, Sócrates aparece colocado como imagem de um sileno, objeto grego que é com freqüência imagem de deuses, oco, o qual se apresenta com um exemplar em menor tamanho se pondo dentro do outro.

Aquilo que Alcibíades atribui a Sócrates, como filigrana reluzente, só nele suposto, Sócrates irá fazer ruir, dizendo ao amante que aquilo que ele diz, é para Agatão que está endereçado.

---

97 Márquez, G. (1972[1968]) O afogado mais bonito do mundo. In: *A incrível e triste história da Cândida Erêndira e sua avó desalmada.* Rio de Janeiro: Record, p. 54-5.

Esta observação de Sócrates é tomada por Lacan como um protótipo de intervenção na análise, na qual o analista é investido pelo analisante de agalmatas continuamente, tendo, no entanto, de relançar estes objetos no sentido da fala, que em suas delongas os encontrará perdidos, lá onde nunca estiveram.

Uma perspectiva importante da noção forjada por Lacan, nesses termos, é uma conseqüência clínica. Se o analista, de dentro de sua função – que aponta sempre para a castração, no sentido de fazer surgir a fala como representação da Coisa perdida –, fizer coincidir seu lugar com o Agalma a ele atribuído, estará fazendo com que a operação simbólica própria à análise padeça na construção de um fetiche.

A preocupação de Lacan com este arremedo perverso na cena transferencial tem sua âncora na crítica mordaz que vem fazendo, nesse Seminário, à Psicologia do ego, como promessa reparadora da falta.

Esta dimensão do Agalma, em relação à castração, encontra um caminho para sua articulação nas alusões que faz ao feminino. Lacan ressalta a personagem de Diotima e concerne a Alcibíades, o evocador do Agalma, um lugar do feminino: "Alcibíades faz, aqui, a Sócrates, uma cena feminina"[98]. Desta forma, aponta para uma plastia da falta: Alcibíades representa, no "Banquete", a ordenação simbólica da topologia do feminino, enquanto situado no lugar da representação simbólica da falta.

Lacan nos diz que o "demônio de Sócrates é Alcibíades"[99], estabelecendo, dessa maneira, uma relação do *daimon* socrático com o lugar do feminino, articulação que ratifica ao concluir a primeira parte de seu Seminário – o comentário do "Banquete" – falando sobre a Deusa Afrodite:

---

[98] Lacan, J. (1992[1960-1961]) *O Seminário, livro 8, A transferência.* Rio de Janeiro: Jorge Zahar, p. 160.

[99] Lacan, J. Op. cit.: 162.

"[...] da reflexão sobre o que lhes trouxe aqui quanto à relação do amor com alguma coisa que, desde sempre, chamou-se eterno amor. Que não lhes seja pesado demais pensar, se recordarmos que este termo, eterno amor, é colocado por Dante, expressamente, nas portas do Inferno"[100].

Diotima preconizava que o amor não é belo enquanto que deseja o belo, portanto, o que lhe falta. Interceptamos nesse ponto o Agalma, no que, bordejando a falta, materializa-se em criações. Uma expressão disso são os adereços femininos que procuram a ilusão de, numa recorrência metonímica, preencher o vazio bordejado pela pulsão. Ilusão que se desfaz a cada novo vestido posto por uma mulher.

É preciso ainda evocar a relação de Agalma com o mito, no que cinge o território do divino. É de Eros, o Deus, que se fala no "Banquete" e são as imagens sacras que Lacan aponta no Barroco, Agalmata Théôn, as estátuas dos Deuses. Agalma é esse ornamento de ouro que arma cilada para os Deuses: "esses seres reais, existem truques que lhes enchem os olhos"[101].

A construção de Lacan sobre Agalma coloca-o como representante do objeto *a*, objeto causa do desejo, em torno do que tudo girará numa análise, onde o objeto deverá sempre ser demarcado, apontando que o amor produz demanda a um Outro que tem irradiação do objeto nele vislumbrado.

O que será encontrado por trás desse vislumbre, na beleza dos Agalmas, será o que eles escondem, vazio, como as imagens dos Deuses, que são ocas. Esse vazio de Deus a ser descoberto, para além da captura da imagem, é onde ele deixa o homem à deriva; vazio, enquanto que é a sua imagem e semelhança. Alcibíades diz em seu discurso: "abram o sileno, entreaberto não sei se alguém jamais viu os agalmatas que estão no interior"[102].

---

[100] Lacan, J. Op. cit.: 165.
[101] Lacan, J. Op. cit.: 146.
[102] Lacan, J. Op. cit.: 142.

Estamos no campo da análise, de onde a posição do analista interroga o desejo, naquilo que o causa. Objeto *a*, lugar do analista, Agalma a ser desmascarado, sobre o que todo neurótico constrói sua mitologia diante de um Real desconhecido, que interroga o Imaginário do sujeito convocando-o a prestar contas, ao ponto de produzir saber. Saber que em Psicanálise tem como objeto o saber sobre os sexos, tomado no deslocamento que as histéricas dominam.

Lacan utiliza o Agalma para nos falar do Real, do ser, de Deus, do impossível, mostrando que o ser não está na origem, é suposto à extremidade da palavra, forjado, como criação. O ser não é algo que existe no concreto de modo a que se possa conferir empiricamente, mas pura invenção que toma sentido como referente à palavra, à fala, da mesma forma que é possível situar o divino.

Neste circuito, a experiência que se faz possível depreender é a deste ser constituído de algo revelado na operação amorosa, Agalma, "objeto que aprendemos a demarcar na experiência analítica"[103].

---

[103] Lacan, J. Op. cit.: 151.

UMA CRIANÇA É ESPANCADA E ÉDIPO: DO OBJETO *a* AO *FALO*

"Uma criança é espancada"[104] é um texto de 1919, que recorta e amplia as construções de Freud sobre uma de suas mais obstinadas questões: "O que é um pai?"

Nesse texto, uma minuciosa análise de incursão clínica conduz à questão do masoquismo e do sadismo, na perspectiva das articulações acerca da perversão.

Situemos, a caminho do que vamos articular neste deflúvio, a apresentação feita por Freud das elaborações que constituirão a mina de uma verdadeira gama de conceitos.

Freud, diante da freqüência, em sua clínica, da fantasia "Uma criança é espancada", constata sentimentos de prazer produzidos numa localização temporal, que se efetiva, em grande parte, num tempo remoto e, em alguns casos, no tempo em que é relatada na análise. Essas fantasias desencadeiam um grau de excitação tal, que produzem atos masturbatórios a princípio voluntários e posteriormente, obsessivos, por seu caráter involuntário.

O aparecimento dessa fantasia é recordado com incertezas, confessado com hesitação e acompanhado de vergonha e sentimento de culpa.

É provável que as primeiras fantasias dessa natureza se estabeleçam muito cedo, antes da idade escolar e jamais depois do quinto

---

[104] Freud, S. (1980[1919]). Uma criança é espancada: uma contribuição ao estudo da origem das perversões sexuais. In: *Edição Standard Brasileira das Obras Psicológicas Completas de Sigmund Freud. Vol. XVII. Uma neurose infantil.* Rio de Janeiro: Imago.

ano de vida. No entanto, encontram espaço para serem reeditadas diante da observação do espancamento de outras crianças pelo professor, já na idade escolar. Deste momento em diante, "um número indefinido de crianças" era espancado[105].

Porquanto em séries mais adiantadas da escola não mais houvesse o espancamento, as estórias e as fábulas passavam a substituí-lo. Há, a partir de então, uma concorrência das crianças com essas fábulas, produzindo-se assim uma riqueza de situações onde crianças eram espancadas, punidas e disciplinadas por seus delitos.

O prazer que "uma criança é espancada" causava – e que tinha como descarga um ato de satisfação auto-erótica – altera-se à visão de outra criança espancada na escola. Estas experiências produziam na criança observadora um sentimento de "caráter misto e no qual a repugnância tinha larga parcela"[106]. Em alguns casos a observação era insuportável ou contornada por fantasias sofisticadas, nas quais nenhum dano mais sério acometeria aquelas crianças.

Não há como constatar uma relação esclarecedora entre essas fantasias e os castigos corporais sofridos durante a educação na infância. Os indivíduos que falavam dessas fantasias, raramente, ou mesmo nunca, haviam sido castigados corporalmente. Contudo, é indiscutível a constatação, por parte das crianças, da força física dos adultos.

Freud especula sobre as fantasias mais primitivas formulando as seguintes perguntas: "Quem era a criança que estava sendo espancada? A que estava criando a fantasia, ou uma outra? Era sempre a mesma criança ou, às vezes, era uma diferente? Quem estava batendo na criança? Uma pessoa adulta? Se era, quem? Ou a criança imaginava-se a si mesma batendo em outra?"[107].

Para estas perguntas, a embaraçante resposta encontrada era: "Nada mais sei sobre isto. Estão espancando uma criança"[108].

---

[105] Freud, S. Op. cit.: 226.
[106] Freud, S. Op. cit.: 226.
[107] Freud, S. Op. cit.: 227.
[108] Freud, S. Op. cit.: 227.

Perguntas sobre o sexo da criança, apesar de terem mais êxito nas respostas, não eram esclarecedoras. Não se constatava nenhuma relação entre o sexo da criança e a da que está sendo espancada. Às vezes um detalhe ocorria: “Uma criança é espancada, estão lhe batendo no traseiro nu”[109]. Portanto, as circunstâncias punham em dúvida a natureza da satisfação sádica ou masoquista da fantasia.

Considerada como uma fixação de um componente da função sexual que se tornou prematuramente independente, esta fantasia, relida com o propósito de satisfação auto-erótica, é tomada por Freud como um traço primário de perversão, o qual, não tendo necessariamente que persistir durante toda a vida, pode ser substituído pelo recalque, formação reativa ou sublimação. No entanto, não se operando essa substituição, a perversão persistirá até a maturidade.

É sublinhado que as impressões que provocaram a fixação não tinham qualquer força traumática.

Se o componente sexual que avança prematuramente é sádico, é provável que uma substituição por meio do recalque acarrete uma neurose obsessiva. Esta assertiva é examinada exaustivamente através de seis casos (quatro femininos e dois masculinos).

As fantasias de espancamento têm um complexo desenvolvimento histórico: passam por alguns avatares relativos ao autor da fantasia, seu objeto, conteúdo e significado.

Freud esquematiza as transformações nas fantasias dos casos femininos. Constata a primeira fase das fantasias em um período muito primitivo; a criança em quem estão batendo jamais é a autora da fantasia e sim outra criança, normalmente um irmão ou irmã, se existem, sem relação constante entre o sexo da criança que cria a fantasia e a que está sendo espancada.

Estabelece-se que o agente do espancamento é um adulto, que mais tarde será reconhecido como o pai.

---

[109] Freud, S. Op. cit.: 227.

A primeira fase da fantasia é representada pela frase: "O meu pai está batendo na criança"[110]. E Freud constrói: "O meu pai está batendo na criança que eu odeio"[111]. Ocorre entre esta e a segunda fase grande transformação, que diz respeito à coincidência entre a criança que cria a fantasia e a que é espancada. Agora, portanto, a frase seria: "Estou sendo espancada pelo meu pai"[112], o que determina o caráter masoquista da fantasia. Esta segunda fase é a mais importante e a mais significativa, sem que haja nenhuma existência real, e jamais se torna consciente.

A terceira fase conta com uma total dessubjetivação. A figura que bate fica indeterminada, ou é representada por qualquer figura de autoridade, e a criança que cria a fantasia não mais aparece. Em vez de uma criança sendo espancada agora são várias crianças, mas nenhuma delas conhecida.

O que era uma cena monótona pode transformar-se em castigo e humilhações de outra natureza; o que se torna peculiar é o fato de a fantasia se ligar a uma excitação sexual, que proporciona um meio para a masturbação.

E Freud conclui uma seção desse capítulo com a questão:

"Por que caminho a fantasia de meninos estranhos e desconhecidos sendo espancados impôs-se como passe permanente das tendências libidinais da menina?"[113].

Diante da agitação da criança em torno do seu complexo parental, onde se dá o jogo de rivalidade da menina em relação à mãe na luta pelo amor do pai, lado a lado à dependência afetiva nutrida pela mesma, aparecem concomitantemente outros rivais: os irmãos. Como aprende depressa que ser espancada é uma humilhação e uma privação de amor, a criança cria a fantasia do pai batendo nessa odiosa criança, o que significa: "O meu pai não ama essa outra criança,

[110] Freud, S. Op. cit.: 232.
[111] Freud, S. Op. cit.: 232.
[112] Freud, S. Op. cit.: 232.
[113] Freud, S. Op. cit.: 233.

ama apenas a mim"[114]. Determina-se assim o significado da primeira fase da fantasia, que gratifica o ciúme da criança.

A fantasia do amor incestuoso, "Ele (o meu pai) só ama a mim e não a outra criança, pois está batendo nela"[115], é punida pela inversão desse tempo: "Não, ele não ama você, pois está batendo em você"[116]. Assim, a fantasia da segunda fase é uma expressão direta do sentimento de culpa.

Freud examina neste ponto a formação masoquista a partir de um sentimento de culpa que converte o sadismo, porém aponta para um movimento regressivo concorrente nessa operação. Ser espancado não é apenas o castigo pela relação genital proibida, mas também o substituto regressivo daquela relação. A fantasia permanece sempre inconsciente.

Na terceira fase da fantasia há uma substituição do pai por professores ou figuras de autoridade e a criança que cria a fantasia aparece como espectadora. A criança espancada transforma-se em várias crianças do sexo masculino.

Ao abandonar seu amor incestuoso pelo pai, em seu significado genital, as meninas abandonam seu papel feminino e põem em atividade o complexo de masculinidade, justificando o sexo masculino dos personagens espancados em sua fantasia.

Duas diferenças significativas são constatadas entre a fantasia da menina e do menino. Há no menino uma etapa posterior à segunda fase, onde o agente do espancamento seria a mãe. Esta etapa torna-se consciente. A outra distinção diz respeito à permanência do sexo da criança na terceira fase da fantasia do menino.

Dos pacientes que chegam a Freud apresentando uma perversão sexual, um grupo obtinha satisfação sexual exclusivamente pela masturbação, outro era de pessoas que combinavam o masoquismo com sua atividade genital e, mais raramente, havia uma perturba-

---

[114] Freud, S. Op. cit.: 234.
[115] Freud, S. Op. cit.: 236.
[116] Freud, S. Op. cit.: 236.

ção nas atividades pervertidas pelo aparecimento de idéias obsessivas de muita intensidade.

É em relação a este exame das manifestações de pervertidos sexuais que Freud afirma que aqueles que obtêm satisfação raramente recorrem a uma análise.

A construção da fantasia no menino, em que a mãe é o agente do espancamento, não é uma fantasia primitiva. Seu estádio precedente é "Estou sendo espancado pelo meu pai"[117], o que corresponde à segunda fase da fantasia na menina ou "Estou sendo espancado pela minha mãe"[118] toma o lugar da terceira fase nas meninas, que é uma fantasia "familiar e consciente"[119].

O ser espancado na fantasia masculina é uma construção regressiva, a partir do que significa ser amado pelo pai (num sentido genital).

No entanto, antes que adquira esta forma assume o enunciado: "estou sendo espancado pela minha mãe"[120].

O que é congruente nos dois casos é que a fantasia de espancamento tem sua origem numa ligação incestuosa com o pai e que, nas três fases da fantasia, podemos discriminar a primeira e a segunda como sádicas e a última como masoquista.

Feito este passeio pelo texto freudiano, vejamos que caminhos percorrer para depreender suas conseqüências.

Essas fantasias contêm os temas do masoquismo e do sadismo e parecem apontar algo essencial, relativo à perversão enquanto componente das estruturas. Por isto, provavelmente, é que tal texto é considerado como um importante indicador, na obra de Freud, do conhecimento da perversão.

Há, entretanto, algo sobredeterminado nas asserções imaginárias sobre as quais ele constrói detalhadamente um tecido, pontuando em tempos a cena que admite, a partir das diferenças demarcadas em seu curso.

---

[117] Freud, S. Op. cit.: 246.
[118] Freud, S. Op. cit.: 246.
[119] Freud, S. Op. cit.: 246.
[120] Freud, S. Op. cit.: 247.

Esta sobredeterminação diz respeito ao advento do simbólico, enquanto resultado de uma operação que aí se funda e que comporta uma simetria com o Édipo, no que este remete à universalidade.

Neste ponto, é necessário situar o estatuto dessa fantasia, a partir do qual Freud a recolhe em sua escuta e sublinha-a como inconsciente, apesar de muitas leituras simplórias do texto auferirem sobre a factualidade e a incidência estatística da mesma.

Qual a marca da diferença que se insere quando Freud recorta "Uma criança é espancada" e o "Édipo"?

Quando lemos a sua obra pelo foco da lanterna de Lacan, as letras saltam aos olhos. E, no que concerne a este texto, isto encontra como que a possibilidade de um exemplo. É dado que, em Freud, "Uma criança é espancada" é apresentado como uma matéria plástica de certas operações que aí se oferecem à demonstração. Operações que, por estarem atravessadas das limitações inevitáveis desse tempo das articulações da Psicanálise, correm o risco de ficarem entrincheiradas pelo acento da factualidade e da significação.

O extraordinário de Lacan é saber ler por entre os vácuos das letras e formular, com seus novos instrumentos, aquilo que Freud entreviu.

De uma maneira geral, penso não ser comum que os analistas encontrem em sua clínica esta fantasia constituída, na cadeia discursiva de seus analisantes, da forma como Freud apresenta. Esta constatação não teria a menor importância não fosse dado por Freud um tal acento estatístico. É como se, até mais do que no Édipo, pudéssemos verificar a incidência dessas fantasias numa construção pré-determinada, já que a cena edípica, ele próprio nos ensinou, só através das representações se daria a conhecer. Claro que se os sintomas neuróticos deslocam-se no tempo em sua feição, a matéria plástica de uma fantasia só poderia acompanhar o mesmo avatar. No entanto, de que espécie é esta fantasia?

Freud algumas vezes tratou de exemplificar suas construções teóricas apresentando-nos certas montagens fantasmáticas que tinham para ele uma face universal, como é o caso de toda uma categoria de sonhos a que chamou de sonhos típicos. Também falava sobre certas cenas a que atribuía uma significação antecipada, como era o caso do sonho de subir escadas, etc.

Mas esta fantasia possui um lugar especial na obra freudiana, a começar pelo fato de que haja um texto intitulado por um nome, que recorta e diz de alguma coisa que, de imediato, anuncia-se como uma cena em circuito.

Que a feição minuciosa desta fantasia seja tão exaustiva em seus detalhes e anuncie que, ali, o que se encontra são operações é o que livra Freud de ancorar no terreno estéril das significações.

É curioso que ele não tenha escrito um texto sobre o Complexo de Édipo, embora escreva sobre isto a cada linha de seus escritos e, de alguma maneira, dentro de "Uma criança é espancada", esteja contida uma alusão ao Édipo.

"Uma criança é espancada" parece ser muito mais do que o caminho por onde encontrou a possibilidade de falar da perversão em suas raízes. Este texto revela Freud trabalhando uma idéia com a qual ele vai e vem, mas permanece em seu augúrio.

E não que fosse possível desvendar segredos de esfinges, mas ali há qualquer coisa de aceno a um conjunto de operadores, que se produzem em tempos lógicos, cimentando tijolos de uma estrutura.

Entre estes operadores estão os destinos das pulsões e seu caráter polimorfo, parcial, próprio à perversão, esta dimensão de uma engrenagem por onde se dá um movimento em relação aos caminhos da representação do corpo e o efeito de um olhar simetricamente oposto em duas posições.

Parece que o que Lacan ordena no caminho de suas elaborações sobre a constituição do sujeito, nas articulações sobre as fases do espelho, pode dar-nos a possibilidade de pensar que isto, a ele dado formular, é possível a partir de estabelecido o objeto *a*, o qual lhe é permitido conceber, feita a distinção dos conceitos de pulsão e de desejo.

Todo o construto teórico da Psicanálise baseia-se na afirmação de que o objeto absoluto falta, sendo esse o pressuposto que erige o campo do humano na referência ao pulsional, numa engrenagem atrelada ao desejo.

Mas se falamos em objeto, mesmo que afirmemos que dele o que é possível encontrar é sua ausência, devemos, no entanto, conceituá-lo.

Se em Freud não encontramos a articulação de uma teoria sobre o objeto, tal como se dá em Lacan, certamente é porque em seu texto a articulação de uma teoria do desejo também não é efetivada. Como já vimos, para Freud, a pulsão e o desejo são termos que se confundem e Lacan, lendo o texto freudiano, enxerga e sublinha os elementos que os diferenciam radicalmente.

Desta forma, temos proposto por Lacan que a visada para este objeto faltoso exige dele uma complexa e rigorosa conceitualização, que se edifica em três perspectivas radicalmente engrenadas.

Lacan nos ensina que, se o objeto do desejo falta, há um objeto que se liga ao desejo, um objeto para o desejo, que ele nomeia objeto *a*, e que é o objeto da pulsão, ou o objeto da fantasia. É na fantasia que esse objeto se articula com o desejo, preso à emergência da lei, para a qual é imprescindível uma presença real que se representa por uma face, a do significante, estabelecendo o falo. Há ainda o encontro com a falta do objeto absoluto que jamais se deixa capturar pelo objeto do desejo e que Lacan chama "a Coisa".

Salientar esta dialética do objeto tem aqui a função de encaminhar a retomada de "Uma criança é espancada", atribuindo a partir daí esta relação com o Édipo num seqüencial lógico, por onde podemos dizer que se, no Édipo, estamos diante da problemática do circuito do falo, neste texto estamos confrontados com a dimensão do objeto *a*. Portanto, muito mais próximos do terreno das formulações de Lacan nas fases do espelho, onde há o bordejar da pulsão em redor de um objeto parcial que fundamenta o corpo erótico no humano.

Sabemos que o que diferencia a pulsão do desejo é o tempo. O tempo da pulsão é marcado por uma lógica, na qual se observa um movimento rítmico, em que passa de um primeiro modo ao segundo e vice-versa, caracterizando a repetição, para o que Lacan afirma: "Freud nos apresenta como assentado que parte alguma desse percurso pode ser separado de seu vaivém, de sua reversão fundamental, do caráter circular do percurso da pulsão"[121].

Em relação ao desejo, essa lógica é outra e mantém relação com a produção de sentido na cadeia significante, a partir de uma ruptura propulsora de um deslizamento metonímico.

Por outro lado, é relevante a relação do pulsional com o corpo, na direção em que Freud nos aponta, como zona erógena, onde a pulsão circula em volta de um objeto que é vazio. Esta operação, Lacan irá articulá-la exaustivamente em sua topologia do Toro, para nos ensinar que o de que se trata na pulsão é de se fazer ver. Adiante, em seu Seminário sobre "Os quatro conceitos fundamentais da Psicanálise", nos diz que, em seu reviramento, a pulsão invagina-se através da zona erógena, encarrega-se de ir buscar algo que, a cada vez, responde no Outro e que isto é o olhar[122].

A tentativa é de fazer aqui não uma articulação sobre a pulsão e, sim, propor esta possibilidade de pensar o quanto o texto de Freud, "Uma criança é espancada", parece encaminhar estas articulações, enquanto do Édipo decorrem articulações sobre as operações relativas ao circuito fálico, definindo a posição do sujeito entre os significantes encadeados de acordo com a lei que determina cada estrutura, além da trama das identificações.

Mas o que pensar sobre a posição ocupada nessa cena na forma de um sujeito oculto?

Parece que o importante a acentuar é que estas incógnitas apontam para a possibilidade de encontrarmos, nessa novela, a báscula de um sincopado especular.

---

121 Lacan, J. (1990[1964]) *O Seminário, livro 11, Os quatro conceitos fundamentais da Psicanálise.* Rio de Janeiro: Jorge Zahar, p. 168.

122 Lacan, J. Op. cit.: 172-4.

E aí está dado mais um ângulo por onde galgamos um vértice onde ancoram elaborações teóricas da maior importância.

Aportamos, portanto, no especular, na posição do que se estabelece diante do olhar do Outro que é, como nos mostra Lacan na "Ética da Psicanálise", o domínio da alma, ou seja, o campo da oblatividade, onde o que sempre se encontrou foi o teatro do espancamento.

Do mito mais remoto, passando pelo Antigo Testamento até chegar ao cristianismo e seus desdobramentos, o que sempre se deu entre deuses e homens foi esta báscula da onipotência à oblatividade, tão bem articulada por Hegel como fundamento de toda relação.

Estas posições circulantes não se estabelecem pelo jogo da sorte, instalando por um acaso, uma extremidade às custas da outra. O custeio aparece dos dois lados com uma aparência pictórica matizada entre o positivo e o negativo, tributários do simbólico.

Há estética na composição decorrente entre o senhor e o escravo e uma estética de valor universal, onde pulsa o inefável.

Não estaríamos aí nos aproximando do mito, para dar conta da ontologia do sujeito, na perspectiva do que da pulsão faz-se representar? E não é este o terreno de "Totem e tabu", em torno do que a pulsão escópica e a pulsão oral revelam do valor da eficácia simbólica no humano? E não chegamos assim à pergunta fundamental de Freud sobre a função constitutiva do humano, que é a lei operada pela função paterna em sua inscrição, na forma do que Lacan veio a chamar de Nome-do-Pai?

Capítulo V

Dos Paradoxos da Lei

Entre-duas-mortes: Antígona e Sygne de Coûfontaine

"A ética da Psicanálise"[123] é um ponto da obra de Lacan em que se produz um certo marco de sua produção, no sentido de que aí encontramos um conjunto de elementos que constituem as questões sobre o desejo e o significante, articulados em sua produção anterior, resgatando a gravidade da obra freudiana – a qual os malefícios exegéticos maculavam – e apontando, a partir daí, o rumo de suas construções pela via da transferência.

Em 1960, ele dedica um ano de seu Seminário à "Transferência"[124] e o faz retomando um texto clássico, o "Banquete" de Platão, extraindo um comentário que, sem dúvida alguma, pode ser considerado o mais pertinente entre os que nos são dados a conhecer.

Lacan vai fundo em cada termo desse texto, como é bem o seu estilo, e permeia com brilho uma passagem que fora sempre tratada com um certo lusco-fusco: a entrada de Alcibíades no "Banquete". Este ponto da trama, como já indiquei, é tomado por Lacan como o momento em que uma certa subversão da ordem vem revelar o circuito das operações em jogo nas tramas do amor.

O que ele nos aponta é o tecer de elementos bastante bizarros, ao modo de um certo estilo bufão, para fazer valer a presença de um dos convivas, Aristófanes. Sócrates é levado a sair do vexame em

---

[123] Lacan, J. (1988[1959-1960]) *O Seminário, livro 7, A ética da Psicanálise.* Rio de Janeiro: Jorge Zahar.

[124] Lacan, J. (1992[1960-1961]) *O Seminário, livro 8, A transferência.* Rio de Janeiro: Jorge Zahar.

que o coloca Alcibíades afirmando que tudo aquilo que está a declarar, é para Agatão que o faz.

A dialética da falta desvela o equívoco produzido no circuito amoroso, sustentado pela suposição de que há, no par que o encena, um objeto a reencontrar mirado, de um a outro, numa pretensa simetria fadada ao fracasso.

Esta simetria, cujo cerne é pura dessimetria, parte da rede complexa relativa aos tempos do Édipo, que se move na determinação da lei que o ordena.

A afirmação incisiva que daí se depreende é que este par é ímpar, tendo como resultado da adição de suas partes o efeito surpreendente de que um mais um efetiva, no mínimo, três na topologia da relação do sujeito com o simbólico[125].

É por esta porta que Lacan entra na segunda parte do seu Seminário, desta vez recorrendo a uma referência erudita que é a trilogia claudeliana[126]: "O refém", "O pai humilhado" e "O pão duro". Não é por acaso que Lacan escolhe este texto para balizar o caminho das elaborações que está propondo e, ao lermos o texto de Claudel, podemos compreender a contundência desta referência.

O texto claudeliano mistura um clima de tragédia grega, um tônus shakespeariano e imagens muito próximas de uma tomada surrealista, de modo que isto termina por produzir um efeito de muita beleza num estilo inconfundível e instigante.

O comentário de Lacan sobre esta trilogia conta com o brilhantismo de um francês versado apresentando uma pérola de sua língua, mas, além disto, ressalta o deslizamento dos elementos da tragédia grega na literatura moderna. E o que encontramos sublinhado num contínuo iluminado são os desdobramentos significantes marcados pelas conseqüências do "Deus Morto", alterando o lugar do herói na tragédia contemporânea.

---

125 Cf. Lacan, J. Op. cit.: 140.

126 Claudel, P. (1965) *Théatre*, Paris, Gallimard.

As conseqüências que daí decorrem não são poucas, nem tampouco fáceis de percorrer, embora o envolvimento com a trama vá revelando a gravidade das questões que estão postas.

O texto de Paul Claudel contém, desde a primeira cena, a imagem do crucifixo; Lacan fica bastante atento para os sentidos que isto toma. De qualquer maneira, há uma dimensão daí a destacar, que é mesmo a do sacrifício.

São três tragédias às quais Lacan se remete em torno desta trilogia, para designar à heroína de "O refém", Sygne de Coûfontaine, uma posição que ultrapassa a de Antígona: "A maldição dos atridas", particularmente a posição de Orestes em seu matricídio, "Antígona" e "Hamlet".

E o que poderia ser a razão de estarem estas tragédias reunidas neste comentário? Devemos lembrar que Lacan passa por aí para conduzir-nos no trilho da transferência e está a fazê-lo guiado pelos auspícios do amor, fazendo disto a vereda por onde nos encaminhará à questão do desejo do analista.

As questões que aí ganham relevo têm, no entanto, o fio do novelo puxado no Seminário da Ética, particularmente quando Lacan fala de Antígona. E esta fala se insurge a partir da questão de como Antígona impõe interrogar-nos sobre um conflito que a todos dilacera, na relação com a lei apresentada, em nome da comunidade, como uma lei justa.

É por ser uma tragédia que Antígona palpita como referência ao que é da ordem da experiência dos analistas; este nos foi o caminho indicado por Freud e ferrenhamente seguido por Lacan, que toma aqui esta vereda.

A primeira centelha a iluminar tal caminho vem da afirmação de que o desconhecimento é o elemento relevante e definitivo do circuito da tragédia, percorrida sempre em círculo, de modo que a repetição tem aí papel fundamental.

Este desconhecimento, que não é outro senão o desconhecimento de um desejo e de uma verdade jamais revelados, levará adiante toda uma série de infortúnios sofridos pelas gerações marcadas pelo nome: que, através dele, dizem parcialmente sua sina. É então assim que se pode mapear o campo do desejo.

Desejo não há que não seja destinado pela lei que dita o que é metáfora da falta radical à qual os humanos estão fadados. Portanto, se pensamos no estatuto do desejo para a Psicanálise, estamos frente à questão da lei.

É este confronto com a lei que parece ser o pano de fundo do que trata Lacan, quando discute sobre Antígona e Sygne.

Não é certamente uma minudência o fato de que Lacan nos dê, em seu texto sobre Antígona, uma verdadeira aula de grego, recorrendo com todo rigor a palavras que encontra no texto de Sófocles. É mesmo por acreditar que aquilo que nos propõe pensar sobre estas questões amplia os sentidos, quando apontado nas reminiscências dos doutos gregos, que o irá tratar fazendo longas incursões, para dar sentido a estas palavras.

É imprescindível recorrermos a quatro destes termos, que formam entre si uma verdadeira malha no que diz respeito à questão da lei: *hamartia*, *Até*, *khthonos e Dike*.

Lacan cuida de prevenir de que a *Até* não é a *hamartia*. A *Até* é o lugar onde Antígona se situa, a *Até* é do campo do Outro, diferente da *hamartia* que é propriamente o campo da errância, a posição de Creonte, que comete um engano.

Estas duas posições estão referidas, tal como Lacan as utiliza, para fazer-nos acompanhá-lo a *khthonos* e *Dike*, que se dividem em duas distintas dimensões: as leis da terra e as leis dos deuses, respectivamente.

Parece haver aqui uma pequena sutileza, onde encontramos as maiores dificuldades. É que, quando Creonte faz confundir as leis dos deuses com as leis da terra em sua errância, o que parece se mostrar é que Antígona a isto se opõe, como se se opusesse às leis da terra, que são na verdade aquelas com as quais ela está fatalmente comprometida: "[...] Antígona deve fazer o sacrifício de seu ser para a manutenção desse ser essencial que é a *Até* familiar – motivo, eixo verdadeiro, em torno do qual gira toda essa tragédia"[127].

Sobre esta ordenação dos deuses Lacan dirá: "Trata-se aqui da evocação do que é, com efeito, da ordem da lei, mas que não está desenvolvido em nenhuma cadeia significante, em nada"[128]. Ele nos leva por este caminho fazendo-nos pensar entre duas leis, ao tempo em que dirá que, em Antígona, o que podemos essencialmente encontrar é um desejo puro.

A propósito desta lei não escrita dos deuses, vislumbramos aí o que é da ordem do Real e o ponto mítico que Freud nos apresentou na forma do recalque originário, o qual, tomado por Lacan na ordenação de outras articulações, especificamente no campo da linguagem, ganha o estatuto de Metáfora Paterna.

Para este primeiro significante, sustentáculo da cadeia de significantes, sabemos não existir um significado correspondente. O significante puro para Lacan teria então relação com este desejo puro?

E mais: Lacan dirá que este desejo puro é puro e simples desejo de morte encarnado por Antígona. Então, parece que chegamos ao ponto em que seria possível procurar as relações existentes entre o "entre-duas-mortes" e a pulsão de morte, com o que dela nos é dado pensar, desde o que é da ordem da repetiçãoaté as escansões que produzem os efeitos de criação. Aí também se trata do terreno do efeito do belo e do que em torno disto se impõe articular a respeito do objeto.

Mas se a expressão de Antígona é da ordem do autônomos, como nos mostra Lacan, isto se dá essencialmente pelo que porta, ou seja, o significante: "Antígona não evoca nenhum outro direito senão este, que surge na linguagem, do caráter indelével do que é – indelével a partir do momento em que o significante que surge a detém como

---

[127] Lacan, J. (1988[1959-1960]) *O Seminário, livro 7, A ética da Psicanálise*. Rio de Janeiro: Jorge Zahar, p. 342.

[128] Lacan, J. Op. cit.: 336-7.

uma coisa fixa através de todo o fluxo de transformações possíveis. O que é, e é nisso, é nessa superfície que se fixa a posição inquebrantável, intransponível de Antígona"[129].

Assim, fica posta por Lacan a aproximação da posição de Antígona com o lugar do analista.

Para ir adiante seguindo o projeto de encontrar uma certa articulação entre a lei e o desejo, na perspectiva em que Lacan utiliza estas tragédias, é preciso voltar à trilogia claudeliana. Antes, porém, há dois elementos a pontuar, os quais retomaremos adiante: o fato de que Antígona é levada por uma paixão e de que o que a leva ao seu sacrifício a leva voluntariamente.

Isto não é, de fato, o que se passa com a heroína contemporânea.

Um dos diálogos[130] mais preciosos da trilogia de Claudel está em "O refém", e acontece entre Sygne e o Cura Badilon.

Sygne de Coûfontaine é uma fiel e obstinada defensora dos laços advindos do nome e da monarquia. Esta é a paixão que a faz, com todo o rigor, manter tudo que preserva esta ordenação, após seus pais terem perdido a cabeça na lâmina de Toussaint Turelure.

Não pretendemos tentar fazer a síntese do texto de Claudel, mas a aproximação com esta obra belíssima é indispensável para acompanhar Lacan. A leitura de seu Seminário, sem tal recurso, conta com um prejuízo considerável, além de que, do ponto de vista literário, conhecer Paul Claudel é como que encontrar uma relíquia.

Mas retomemos o nosso fio condutor, que parece escapar, vez por outra, neste trajeto.

Necessário narrar, para aqueles que não conhecem a peça, que é este mesmo Toussaint, aliado ao imperador, que chantageia Sygne, ameaçando-a com a morte do Papa que está sob seus cuidados, levado por seu primo e amado Georges de Coûfontaine.

---

[129] Lacan, J. Op. cit.: 337.

[130] Em cada peça da trilogia de Claudel, de um ato a outro, o que se vai tecendo vai transcorrer pela via das conversas dos personagens, que têm sempre a forma de um diálogo.

O objetivo da chantagem do carrasco não é outro senão o de, através do seu casamento com Sygne, ver como que amalgamar-se no seu nome este Coûfontaine. Por este nome, que pertence aos patrões de seus pais mortos, desenrola-se um jogo perverso onde vale tudo.

A mãe de Toussaint era criada e ama de Sygne e Georges e seu pai, uma espécie de bruxo.

Postos estes dados, que custa aludir desta forma, podemos situar o lugar que toma o diálogo de Sygne com o Cura Badilon.

Este abade não era menos que o confessor de Sygne e o conselheiro da família. E é investido dos efeitos do que se encontra posto pelo lugar que ocupa nesta relação que, com todo sucesso, leva adiante um longo e infernal diálogo, no qual a contundente resposta de Sygne ao chantagista vai de águas abaixo. Badilon termina por convencer Sygne a casar-se com Toussaint, sustentando ruidosamente, em todo o diálogo, que depende dela manter o elo que liga Deus aos homens, através deste sagrado lugar que tem o Papa.

A fala de Badilon à heroína concorre perfeitamente com a inversão que Saramago denuncia, revelando haver na dialética do bem e do mal, tomada pelo cristianismo, o equívoco das posições dadas a Deus e ao Diabo.

Esta conversa é mesmo uma conversa dos diabos, na qual Sygne capitula ao sagrado, abjurando do pacto com seu primo Georges de manter fielmente o grito ancestral: "Coûfontaine Adsum"[131], trilho das repetições.

Bem, está posto porque Lacan nos diz: "Eis-nos, portanto, através daquilo que chamo provisoriamente essa tragédia contemporânea, levados aos limites que são os da segunda morte, que lhes ensinei a abordar no ano passado com *Antígona*, com a diferença de que, aqui, pede-se à heroína que os atravesse"[132].

---

[131] Coûfontaine unidos.

[132] Lacan, J. (1992[1960-1961]) *O Seminário, livro 8, A transferência*. Rio de Janeiro: Jorge Zahar, p. 271.

Se é possível demarcar desta maneira a diferença entre a posição de Antígona e Sygne, então devemos reconhecer o valor do interventor que, junto a Sygne, defende, sobremaneira, esta lei de Deus pela qual ela sacrificará tudo o que lhe é próprio: seu nome, seus bens, seu amor.

De certa maneira, esta renúncia, também Antígona a faz e Lacan nos mostrará que seus lamentos só serão feitos no limite entre a vida e a morte, no momento em que ela está entrando em seu sepulcro de morta-viva, invertendo sua condição de viva-morta. Este é também o momento no qual se faz visível o "fenômeno da beleza" no texto de Sófocles, no qual o coro irrompe cantando "Ó deus do amor, tu que venceste sempre, mesmo quando as aparências diziam que estavas derrotado"[133].

Portanto, se Antígona segue apaixonadamente seu destino é por um "Contra-senso insensato, pois, para Antígona a vida só é abordável, só pode ser vivida e refletida a partir desse limite em que ela já perdeu a vida, em que ela está para além dela – mas de lá ela pode vê-la, vivê-la sob a forma do que está perdido"[134].

Encontramos o mais comovente, diz-nos Lacan, o desejo visível que se depreende das pálpebras da moça, o clarão da beleza que coincide com o momento de realização da *Até* de Antígona.

Sublinhemos este desejo visível e voltemos mais uma vez o olhar para Sygne.

O efeito do que se produz com sua decisão é o de um esgar absoluto, um isolamento sepulcral.

Estabelece-se então mais uma considerável diferença entre Antígona e Sygne, a beleza. Não se fala num fenômeno de beleza deste lado da tragédia que se passa na era cristã.

133 Sófocles (1996[496-406 aC.]) *Antígona*. Rio de Janeiro: Paz e Terra. [Tradução de Millôr Fernandes], p. 37.

134 Lacan, J. (1988[1959-1960]) *O Seminário, livro 7, A ética da Psicanálise*. Rio de Janeiro: Jorge Zahar, p. 339.

A obstinação de Sygne e a fidelidade a seu ato são as de quem perde a possibilidade de cumprir com um dever. Ela dirá não a seu pacto com a terra, à repetição. Onde Antígona afirma, Sygne sinaliza com a cabeça, num tique a que apenas a morte põe fim, sinalizando um não que sequer faz-se palavra.

Tudo isto parece embaraçar-se, de forma a parecer confuso o conceito do entre-duas-mortes, ou, talvez, seja melhor chamá-lo de "este postulado".

Mas é num determinado ponto dos ditos de Lacan sobre Sygne que ele parece nos emprestar a lanterna: "Aí está algo que nos conduz, não aos limites da vida, pois sabemos que é uma mulher que faria de bom grado o seu sacrifício, como o demonstrou no passado, mas sim *ao sacrifício daquilo que, para ela, como para todo ser, vale mais que sua vida* – não somente suas razões de viver, mas aquilo em que ela reconhece seu próprio ser"[135].

Em nenhum momento do texto, Lacan diz claramente de que se trata nesta segunda morte; e é mesmo no "entre-duas-mortes" que estarão contidas todas as suas elaborações. Quando fala da segunda morte é propriamente apontando sua fronteira: "é evidente, e desde sempre, que a situação do homem se inscreve no seguinte: que essa *fronteira* não se confunde com a da segunda morte, que se pode definir sob a fórmula mais geral, dizendo que o homem aspira a aniquilar-se para se inscrever nos termos do ser. A contradição oculta, o detalhe a se compreender é que o homem aspira destruir-se na própria medida em que se eterniza"[136].

Vejamos bem que Lacan nos diz, nestas imediações, que utiliza o "entre-duas-mortes" para dar uma topologia de base do desejo.

Então, não é urgente que, se ele de um ano para o outro de seus estudos diz de forma oposta sobre uma mesma coisa, nos interroguemos sobre isto?

---

[135] Lacan, J. (1992[1960-1961]) *O Seminário, livro 8, A transferência.* Rio de Janeiro: Jorge Zahar, p. 270-1. Grifo meu.

[136] Lacan, J. Op. cit.: 103. Grifo meu – Referência à fronteira da primeira morte.

Os paradoxos e contradições ganham sentido quando articulados, é isto que Lacan ensina. Pois bem, aquilo para que ele nos aponta, ao afirmar que Sygne supera, atravessa a posição de Antígona, não me parece conter nenhum encômio. Não é de um elogio que se trata, quando Lacan diz desta "ultrapassagem"[137] de Sygne à posição de Antígona. É mesmo do que é depreensível da lógica desta posição.

Para chegar até aí, ocorreu-me pensar que "entre-duas-mortes" aponta para um intervalo lógico, que é o campo do significante suportado pelo desejo, entre a morte biológica e a morte do desejo.

Pontuemos a radical diferença entre desejo de morte e morte do desejo.

A morte do desejo não é a morte do sujeito, posto que o sujeito não se erige no entre dois significantes, numa evanescência que reincide, sem que haja a cadeia que os articula e que é articulada por este desejo representado.

O sacrifício de Antígona valia sua vida. Pelo seu sacrifício ela se eterniza, fazendo valer o seu nome, perpetuando-o ao afirmá-lo, desdobrando-o e desdobrando-se. Talvez por isso Lacan diga que em Antígona o que há é Antígona[138]. Desejo que se encarna numa afirmação de morte que tem efeito de imortalidade. "Antígona perpetua, eterniza, imortaliza essa *Até*"[139].

O desejo que a carrega afirmado não termina por levá-la à morte, mas a faz propriamente desejar, diante da barra. Não encontramos aí este Outro barrado do qual Lacan tanto nos fala?

É assim o sacrifício de Antígona e é provável que seja a isto que Lacan alude quando diz que é uma posição inultrapassável. Do ponto de vista do sujeito não havia como pensar de outra forma. O que poderia ir além do Simbólico?

---

[137] Cf. Lacan, J. Op. cit.: 273.

[138] Lacan, J. (1988[1959-1960]) *O Seminário, livro 7, A ética da Psicanálise*. Rio de Janeiro: Jorge Zahar, p. 303.

[139] Lacan, J. Op. cit.: 342.

Quanto a Sygne, nem podemos dizer "pobre Sygne", como diz o coro de Antígona; não se trata aí de penúria; ela abre mão de tudo, não há mais o que pedir, o que reclamar. O sacrifício de Sygne vale mais que sua vida. É gozo do Outro, é morte do desejo.

Lacan nos indica, em seu comentário sobre Claudel, a presença do crucifixo na trilogia. E, quando lemos o texto, encontramos isto lá, realmente, saltando aos olhos, seja na composição do cenário, seja nas palavras dos personagens, seja se movendo na cena: está lá.

E não é à-toa que ele nos faz esta indicação, assim como é importante que fiquemos atentos quando nos diz repetidamente "a heroína contemporânea", referindo esta posição aos vinte séculos de era cristã.

O diálogo de Sygne com o Cura Badilon é evocador, insistentemente, de um velho: "Pai, afasta de mim este cálice".

Está aí Sygne, plenamente anulada pelo desejo de Outro. Assim como o Cristo, sobre o qual sabemos que a vida só teve valor pelo valor do sacrifício que a destitui, ao fazer valer o desejo do Outro.

E é para conceder o perdão a toda humanidade que é feito este sacrifício, que o filho é imolado. A este propósito, no diálogo entre Sygne e o Cura Badilon, ela pede perdão por mais de uma vez.

Este ato de Sygne, posto sob a pena de Claudel nesta tragédia cristã, é revelador de uma posição onde a insuficiência paterna só encontra saída numa sustentação imaginária, onde não é possível que se faça sujeito: o sujeito é fisgado na malha do Outro como objeto. Para salvar o pai, morre o desejo do filho, que lhe empresta este remendo. Lugar do gozo, como nos diz Lacan. Perversão, que na língua francesa se conduz muito bem na homofonia, dando sentido à versão do Pai.

Esta é uma posição do desejo refém do Imaginário, na relação com o Outro.

Não podemos entrever, por este caminho, como os avatares do desejo na seqüência das gerações podem fazer com que surja da dignidade a iniqüidade? De Cristo aos inquisidores, de Sygne a

Louis[140], as iniqüidades de uma descendência perversa nos revelam as armadilhas do desejo e sua tragédia, assim como nos deixa diante da gravidade da posição do analista.

Estar diante da Ética de um desejo e do nó da estrutura é radicalmente distinto de estar diante da ordália que dita a ordem do bem supremo.

Acompanharmos Lacan neste "entre-duas-mortes" é procurar, com muito esforço, a bússola que norteie tantas direções expostas à vista em torno disto; e se encontramos algo que melhor nos instala aí, nisto que parece bola de mercúrio, este algo é mesmo a perspectiva topológica.

Então, se Lacan coloca toda a ênfase nestas fronteiras, fica posta a pertinência das duas heroínas valendo-lhe como metáfora, já que, em cada uma das fronteiras, trata-se de encontrar a dialética entre vida e morte, que no humano encontra, neste "entre-duas-mortes", o segmento entre a morte biológica e a morte do desejo. O que se produz nesse "entre" parece ser a tessitura simbólica trançada pelo significante. Antígona e Sygne carregam, encarnadas, a dialética da báscula do morto/vivo, vivo/morto. Aliás, é esta a posição de todo herói. O que as distingue é em que ponto desta topologia o ato de cada uma colocará a relação do desejo e da lei. Que operação se efetiva, de modo que de um lado seja possível a barra deste Outro e seus desdobramentos, enquanto que do outro o que há é uma soberania deste Outro às custas do sujeito, do desejo? Não está aí este imponderável da legalidade com as conseqüências da sua suficiência ou insuficiência?

Estas perguntas colocam a clínica à nossa frente e não é por acaso que Lacan, ao encaminhá-las desta forma, está elaborando a questão do desejo do analista. Este desejo, a função de analista impõe reconhecê-lo em sua singularidade, naquilo que ele produz de

---

140 Louis de Coûnfontaine é o filho perverso de Sygne e Toussaint, o qual Sygne toma de absoluta indiferença, morrendo ao jogar-se na frente de uma bala que Georges dispara para Toussaint, no dia de seu batizado.

amor e ódio; e isto advém da cicatriz da castração de seu Eros, de onde se põe a possibilidade de suportar o lugar que ele oferece vago ao desejo do analisante, para que se realize como desejo do Outro. Todo analisante constrói este lugar para depois destituir, destino de toda análise. Lacan chamava isto de pureza tópica, campo do "entre-duas-mortes", onde o desejo se esvazia como tal, tornando-se desejo de discurso – o que um analista deve ser capaz de reconhecer como a Ética da Psicanálise: a Ética do Desejo.

DO MOISÉS DE FREUD À METÁFORA PATERNA DE LACAN

Não parece provável que haja outro lugar, na obra de Freud, em que se encontre tão bem apontada a ulterior articulação lacaniana da Metáfora Paterna que em "Moisés e o monoteísmo"[141].

É sempre surpreendente constatar a destreza da leitura que Lacan fez da obra de Freud. Entretanto, em "Moisés e o monoteísmo" encontramos, particularmente, uma verdadeira pepita:Freud, sem saber o alcance do que proferia, deixa para Lacan o mapa da mina.

Esse texto é bastante especial, é um texto admirável, onde encontramos um Freud que está morrendo e, por isso mesmo, cuidando de ficar vivo.

Neste sentido, o "Moisés" nos coloca diante do quanto a articulação freudiana do inconsciente urgia por uma instrumentação conceitual que a sustentasse epistemicamente e do quanto era difícil para ele estabelecer os elementos para edificar as bases de suas proposições, sem servir-se de construções atravessadas de tecido imaginário.

A Segunda Tópica permitiu a Freud andar muito do chão que a primeira dificultou – a elaboração dos conceitos –:era insuficiente e fazia com que o viés de sua articulação o levasse a lançar mão de uma vereda imaginária propulsora de tantos mal-entendidos.

É bastante comovente percorrer esse texto dos últimos anos da vida de Freud, vendo-o urdir, mais uma vez, sua perene questão: o que é um

[141] Freud, S. (1980[1934-38]) Moisés e o monoteísmo – Três ensaios. In: *Edição Standard Brasileira das Obras Psicológicas Completas de Sigmund Freud. Vol. XXIII. Moisés e o monoteísmo.* Rio de Janeiro: Imago.

pai? Esta insistente questão, que avatar ela sofre quando tratada por ele neste caminho?

Apesar de Freud se apresentar nesse trabalho como um grande conhecedor do assunto que aborda, ou seja, os mais importantes estudos da história do judaísmo, da antigüidade – principalmente do império egípcio – e da história das religiões, sua tese é hipotética. Não há nada que assegure sua veracidade, conquanto seus argumentos sejam absolutamente magistrais.

Os modernos estudos antropológicos de sua época serviram de grande oposição aos seus trabalhos, que versavam sobre discussões desse teor. Seu magnífico "Totem e tabu"[142] teria ficado realmente em maus lençóis, aos olhos da ciência moderna, não fosse a importante intervenção de Lévi-Strauss, que atesta o valor e pertinência dessa contribuição, pelo que nela há de metáfora para o que é possível inscrever como mito, diante do Real.

A questão da horda primeva é retomada no "Moisés" de Freud. Ele utiliza sua asserção de quase vinte e seis anos retroativos, sobre o assassinato do pai, para dar amparo ao que vai preconizar. Seu postulado aí faz uma espécie de retomada auto-referente deste primeiro tratado sobre o crime na horda primeva.

Apesar de esse texto encontrar certas especificidades que se afastam de uma certa organização dos escritos freudianos, ele conserva sua face mais conhecida de cientista rigoroso, atento aos mínimos detalhes. Por isso nos servimos, no decorrer do texto, de uma gama extensa de informações eruditas na malha de sua argüição.

No entanto, há algo curioso a observar: durante todo o texto, Freud nos revela o quanto, ao argumentar, está acometido dos efeitos de desconfiança que segue provocando em seu leitor.

Ele vai nos dizendo, vez por outra, que reconhece que há algo de uma feição um tanto passional em seu argumento, embora o trate com todo o rigor da pesquisa realizada e da tese que levanta.

[142] Freud, S. (1980[1912-1913]) Totem e tabu. In: *Edição Standard Brasileira das Obras Psicológicas Completas de Sigmund Freud. Vol. XIII. Totem e tabu e outros trabalhos.* Rio de Janeiro: Imago.

Ao fim de tudo, menos importa a questão de tomar partido em sua defesa, pois assim correríamos o risco de fazer celebração religiosa.

Freud vacilou quanto à publicação do texto, temeu sua repercussão em épocas tão sombrias para os semitas, além de que estava um tanto admirado com a postura da igreja que, segundo sua opinião, tomara a melhor posição ética em meio a tantos aulidos decorrentes do anti-semitismo. Mas, quão logo se viu afastado de Viena, em terras inglesas, imediatamente retomou o trabalho para publicação.

Em todo caso, do ponto de vista autobiográfico, "O Moisés" de Freud trata de uma sangrenta ferida narcísica, reconciliando-o com seu desdém para com a sua religião de origem, e insinua um certo temor do lugar de pai, ao mesmo tempo que defende este pai, do lugar de filho, como outorgante de um testamento de justiça, verdade e fidelidade.

Do ponto de vista de suas articulações, não encontramos nenhuma nova afirmação, ao contrário; ele utiliza o que forjou anteriormente como argumento para a tese de que Moisés era egípcio.

Na verdade, não parece que estivesse procurando angariar adeptos crentes em sua tese, isto não. Parece mesmo é que nem ele próprio se dava conta do que estava contido em seu escrito.

O fragor que Freud provoca com esse texto concerne à fundação de uma mitologia para a causa do anti-semitismo. Atribuir a Moisés a criação do povo judeu – e o ódio aos semitas à inveja por ocuparem um lugar de "escolhidos" do Pai – parece ser, evidentemente, a grande proeza desta obra. Pela primeira vez, algo é escrito e proclamado nesse sentido.

Mas o que podemos encontrar de novo – e bastante novo – nesse texto, a propósito das construções de Freud, não é da ordem de sua tese, mas sim de algo que aparece um tanto tangencial a ela.

Há um outro texto freudiano bastante importante, chamado na tradução brasileira de "O estranho"[143], *Unheimlich*. Este artigo é bas-

[143] Freud, S. (1980[1919]) O estranho. In: *Edição Standard Brasileira das Obras Psicológicas Completas de Sigmund Freud. Vol. XVII. Uma neurose infantil.* Rio de Janeiro: Imago.

tante conhecido dos analistas, principalmente daqueles que lêem Freud com Lacan, pois este último irá fazer dele uma âncora para suas formulações a propósito da função paterna.

Desta forma, o texto "O estranho" será por ele bastante aclamado e utilizado, no sentido de que este *Unheimlich* é precisamente apontado como o lugar do Pai. Lugar que Lacan sublinhará naquilo que porta de diferença, inscrevendo o que de faltoso é suposto lá se encontrar – e que não será encontrado senão sob a forma de um nome.

A inscrição deste nome efetiva-se numa operação na qual o estranho se introduz nomeando e, portanto, tornando-se o mais familiar, no ponto em que é também pelo nome, que é possível reconhecer-se.

Portanto, a tese do Moisés egípcio não comporta nenhuma grande novidade nos elementos com os quais Freud vem estabelecendo sua mitologia de uma ontologia do sujeito.

É claro que a hipótese de Freud corrobora, dentro da história do movimento psicanalítico, o que aplaina o terreno para que a Psicanálise tenha, em seu destino, o alcance da universalização, livrando-se do risco de tornar-se uma causa judaica. Com esta hipótese, a questão judaica implicará a todos, enquanto figure em sua paternidade um falso judeu, um egípcio.

Isto, no entanto, não é tratado, ou melhor, tentado por Freud, aqui, em primeira instância. Essa sua preocupação é bem antiga e claramente declarada e cuidada, como constatamos no episódio[144] da presidência de Jung na IPA, já em 1910.

Então, o que há de deslocamento feito com o "Moisés e o monoteísmo" na extensão da obra freudiana?

Certamente, seria possível a Freud repetir-se em suas proposições usando outros elementos, como fez tantas vezes, com muito

[144] Jung, em 1910, pela vontade de Freud, foi eleito primeiro presidente da Internationale Psychoanalytische Vereinigung (IPV), futura International Psychoanalytical Association (IPA). Freud encontrava, por esta via, uma forma de fazer com que esta estruturação, de visada internacional, superasse o risco de que a Psicanálise se tornasse propriedade de um gueto judaico.

êxito, para fazer-se acompanhar nas elaborações dessa "nova ciência". No entanto, se assim fosse, porque vacilaria tanto em publicá-la e mais: por que quis tanto fazê-lo, apesar dos tempos difíceis?

Freud, desde 1912, em "Totem e tabu", havia admitido algumas teses antropológicas, as quais utilizou como matéria para seu texto tão controvertido. Essas teses eram de Darwin, Atkinson e Robertison Smith. Ele próprio afirma que fez uso dessas idéias teóricas, combinando-as.

Do primeiro, tomou de empréstimo a afirmação de que, em sua origem, os seres humanos viviam em pequenos grupos liderados por um macho mais velho, que detinha a posse de todas as fêmeas e punia ou desvencilhava-se dos machos mais jovens, inclusive os próprios filhos.

De Atkinson, a idéia de que os filhos reunidos em rebelião puseram fim a este sistema, assassinando o pai e, em seguida, devorando-o em comum.

Baseado em Robertison Smith, conjeturou que, ulteriormente, o poder absoluto do pai cedeu lugar a uma nova organização, a qual regia um modelo de fraternidade referido a um totem. Os irmãos renunciaram às mulheres e instituíram a exogamia. Rompeu-se o poder do pai e as famílias reuniram-se em matriarcado. No entanto, a ambigüidade em relação ao pai era patente e um animal específico foi colocado em seu lugar. Desta forma, o totem representava um espírito protetor e contava com os maiores cuidados do grupo, não podendo ser morto ou ferido. Uma vez por ano estabelecia-se um ritual no qual o animal totêmico era despedaçado e comido em comum. Esta refeição era obrigatória em todos do grupo, que através dela reviviam a morte do pai e estabeleciam a ordem social, as leis morais e a religião.

Freud insere uma síntese de seu "Totem e tabu" no "Moisés e o monoteísmo", num trecho intitulado "Verdade histórica". Até aqui, nada de novo. Mas há um outro trecho que se chama "O avanço em intelectualidade", onde parece estar posta a grande pepita tangencial.

Em "Totem e tabu", Freud parece estabelecer a gravidade do lugar de um pai e seus efeitos perenes. Porém, no "Moisés e o monoteísmo", este estatuto do pai ganha ordenação, uma vez que se erige principalmente como uma função determinante dos efeitos soberanos da malha simbólica que faz descender. Portanto, o "Moisés" sublinha a questão: o que é um pai?

Questão que Lacan, com todo empenho, tratará de demonstrar, contando para isso com as pistas contundentes deixadas por Freud na tangente desse texto. Aí aparecem elementos precisos, embora inarticulados, sobre a relação que Lacan irá fazer no aforismo do "inconsciente estruturado como uma linguagem", a partir de sua teoria sobre a inscrição da Metáfora Paterna, que é metáfora do desejo da mãe.

A citação que se segue é bastante longa, mas é preciso convocá-la:

"Entre os preceitos da religião de Moisés há um que é de importância maior do que parece inicialmente. Trata-se da proibição contra fabricar uma imagem de Deus – a compulsão a adorar um Deus que não se pode ver. Nisso, Moisés excedia a rigidez da religião de Aten. Talvez ele simplesmente quisesse ser coerente: seu Deus, nesse caso, não teria nome nem semblante. Talvez fosse uma nova medida contra abusos mágicos. Mas, se essa proibição fosse aceita, deveria ter um efeito profundo, pois significava que uma percepção sensória recebia um lugar secundário quanto ao que poderia ser chamado de idéia abstrata – um triunfo da intelectualidade sobre a sensualidade, ou, estritamente falando, uma renúncia instintual, com todas as suas conseqüências psicológicas necessárias.

Isso pode não parecer óbvio à primeira vista, e, antes que possa proporcionar convicção, temos de recordar outros processos do mesmo caráter no desenvolvimento da civilização humana. O mais antigo desses, e talvez o mais importante, está fundido à obscuridade das eras primevas. Seus assombrosos efeitos compelem-nos a asseverar sua ocorrência. Em nossos filhos, em adultos que são neuróticos, bem como em povos primitivos, deparamo-nos com o fenômeno mental que descrevemos como sendo uma crença na 'onipotência de pensamentos'. Em nosso juízo, esse fenômeno reside numa superestimação da influência que nossos atos mentais (nesse caso, intelectuais) podem exercer na alteração do mundo externo. No fundo, toda a magia, precursora de nossa tecnologia, repousa nessa premissa. Também toda a magia das palavras encontra aqui seu lugar, e a convicção do poder ligado ao conhecimento e à pronúncia de um nome. A 'onipotência de pensamentos' foi, supomos nós, expressão do orgulho da humanidade no desenvolvimento da fala, que resultou em tão extraordinário avanço das atividades intelectuais. Escancarou-se o novo reino da intelectualidade, no qual idéias, lembranças e inferências se tornaram decisivas, em contraste com a atividade psíquica inferior que tinha como seu conteúdo as percepções diretas pelos órgãos sensórios. Esse foi, indiscutivelmente, um dos mais importantes estádios no caminho da hominização.

Podemos muito mais facilmente apreender outro processo, de data posterior. Sob a influência de fatores externos nos quais não precisamos ingressar aqui e que também, em parte, são insuficientemente conhecidos, aconteceu que a ordem social matriarcal foi sucedida pela patriarcal, o que, naturalmente, acarretou uma revolução nas condições jurídicas até então predominantes. Um eco dessa revolução parece ainda ser audível na Oréstia, de Ésquilo. Mas esse afastamento da mãe para o pai aponta, além disso, para uma vitória da intelectualidade sobre a sensualidade – isto é, para um avanço em civilização, já que a maternidade é provada pela evidência dos sentidos, ao passo que a paternidade é uma hipótese, baseada numa inferência e numa premissa. Tomar partido, dessa maneira, por um processo de pensamento, de preferência a uma percepção sensória, provou ser um passo momentoso"[145].

---

[145] Freud, S. (1980[1934-38]) Moisés e o monoteísmo – Três ensaios. In: *Edição Standard Brasileira das Obras Psicológicas Completas de Sigmund Freud. Vol. XXIII. Moisés e o monoteísmo.* Rio de Janeiro: Imago, p. 135-6.

Afirmações como estas levaram feministas de todo o mundo a se rebelarem num repúdio a Freud, o que não deixa de ser uma lástima, pois revela quão reducionista se faz a leitura em torno de algo de tão extenso alcance.

Freud era mesmo um homem de caráter extremamente conservador, no que diz respeito ao seu apego pelo antigo, pelo passado, pelas tradições da cultura. O que conhecemos de sua biografia muito nos diz sobre isto, mas não é a mesma coisa dizer que era um homem reacionário, muito pelo contrário. Freud foi um homem muito à frente de seu tempo e, com a sua descoberta do inconsciente, enaltece o humano no que nele é fruto da marca da diferença constituída na falta. Portanto, para ele, o lugar da mulher era absolutamente consonante como parte imbricada do humano, que sequer pode ser demarcado pela simplicidade da determinação anatômica. Na verdade, a mulher, tal como o Pai, é uma grande questão sobre a qual irá se debruçar em toda a sua obra.

Como então estaria Freud a minimizar o lugar da mulher, dizendo e preconizando que o intelecto é coisa de homens, enquanto às mulheres é dada a sensualidade?

Certamente não é essa a assertiva freudiana quando compõe tal citação.

É muito precioso encontrar no "Moisés e o monoteísmo" os termos da linguagem, como resultantes de uma operação que Freud só pôde estabelecer através do argumento imaginário, previsto antropologicamente, na passagem do matriarcado para o patriarcado.

É aí que Lacan o lê com suas lentes de aumento.

Freud sempre apontou a palavra como fibra do tecido inconsciente. Fez isso desde o princípio; portanto, não há nada de surpreendente que aqui ele esteja a fomentar, mais uma vez, esta dimensão. O que salta aos olhos é a cadência dessa construção, que tanto aponta para o inconsciente como linguagem como afirma ser o pai que introduz o simbólico, suplantando o desejo da mãe. Intelecto e sensualidade são os paradigmas utilizados nessa equação, em forma de mito.

Lacan cristaliza o que está aí disperso e demonstra a amplitude dessa construção.

Freud articulou o lugar do pai dentro do Édipo, apontando sua intervenção no complexo ao nível da castração. Mas como o pai se torna portador da lei?

Foi a partir de uma equação que Lacan percorreu essa questão, demonstrando como a criança tem acesso ao RSI da mãe:

$$\frac{\text{Nome-do-Pai}}{\text{Desejo da Mãe}} \cdot \frac{\text{Desejo da Mãe}}{\text{Significado para o sujeito}} \rightarrow \text{Nome-do-Pai}\left[\frac{\text{A}}{\text{Falo}}\right]$$ [146]

Não há pai que recubra sua função, que possa exercê-la inteiramente, já que isto se refere ao Simbólico e à sua insuficiência. Este pai é mesmo a lei simbólica, a lei do significante e, dele, o que existe é apenas traço, no texto do discurso.

A equação de Lacan nos demonstrará como ir adiante dos limites de Freud, em sua mitologia. Mas Lacan fará isso guiado pelas linhas deixadas por este, como é revelado no texto do Moisés.

---

[146] Lacan, J. 1998[1955-56] De uma questão preliminar a todo tratamento possível da psicose. In: *Escritos*. Rio de Janeiro: Jorge Zahar, p. 563.

ANALISTA: O QUE RESTA

Acompanhar Lacan na passagem do sétimo para o oitavo "Seminário" confere uma enorme satisfação aos que se embelezam com o pensar da Filosofia, da poesia, da literatura e da arte, diante das passagens garimpadas nestes terrenos, com as quais ele nos ilustra suas construções teóricas, elegendo-as patentes do tesouro dos alfarrábios da humanidade.

A "Ética da Psicanálise"[147] e "A transferência"[148] nos proporcionam elementos para o que insistentemente nos interrogamos a respeito desse lugar que é o nosso, enquanto analistas. Esta ética singular é a ética do desejo, desejo este que a Psicanálise põe em causa, no cerne de sua fundação na "Interpretação de sonhos".

O confronto com a morte do pai expõe Freud a antigas mazelas, reveladas a partir de um sonho onde se encontra com suas culpas. Ele se interroga, se contorce, longo tormento lhe inflige esse sepulcro, para daí operar o que vem a ser o que nos ensina sobre a análise: diante desse estranho, o desejo – pelo qual o sujeito não pode responsabilizar-se, desde que é por ele assujeitado –, só resta reconhecê-lo, acolhê-lo e redizê-lo no jogo de engano metonímico do objeto. Tomada pelo deslizamento desse jogo, a culpa, com a qual faz vértice, transmuta-se no confronto com uma outra ética, onde o apropriado, tornado próprio com a barra do Outro, permite

[147] Lacan, J. (1988[1959-1960]) *O Seminário, livro 7, A ética da Psicanálise.* Rio de Janeiro: Jorge Zahar.

[148] Lacan, J. (1992[1960-1961]) *O Seminário, livro 8, A transferência.* Rio de Janeiro: Jorge Zahar.

as escolhas pelas quais o homem é responsável, circunscrevendo o limite da análise.

Responsabilidade não tem aí o sentido de um encontro do desejo analisado com uma subordinação aos cânones da ortopedia moral, seja ela qual for.

Devemos ir mais longe e pensarmos que esta estrutura moral se reformula ao tempo em que o desejo é reconhecido, posto que as construções éticas constituem-se em seu campo, demarcando a sua imparidade.

O sujeito assujeitado, vaticinado por um outro desejo, é na análise aludido através da relação transferencial, caminho pelo qual todo analisante "aprende amando" sobre a falta. Trajeto longo, trabalho árduo, reconstrução, ou melhor, construção da história na qual foi imerso.

Exercer a função de analista – situando-se em sua falta-a-ser[149] –, naquilo que aí está implicado do sintoma de cada neurótico, não é, portanto, nenhuma vantagem a ser exibida, nenhum lugar lustroso socialmente: é apenas – e antes de mais nada – uma condição para existir com seu sintoma: o que resta.

O "Resto" é um conceito formulado por Lacan para articular o campo irredutível ao simbólico. Se há algo a que a condição humana está fadada é que, naquilo que é possível pela via do imaginário representar e simbolizar, haverá sempre um ponto mínimo e mítico onde nos é imposto o reconhecimento de um buraco impreenchível.

Esse Resto a simbolizar, ao contrário de ser pouco, como faz parecer a significação mais literal do termo, é mesmo o ponto de onde advém toda a potência de onde o neurótico forja o mundo que o habita. É o motor do dizível, posto que, elidido, celebraria a morte do desejo.

---

149 "O analista é ainda menos livre naquilo que domina a estratégia e a tática, ou seja, em sua política, onde ele faria melhor situando-se em sua falta-a-ser do que em seu ser". (Lacan, J. (1998) A direção do tratamento e os princípios de seu poder. In: *Escritos*. Rio de Janeiro Jorge Zahar, p. 596).

Uma demanda de análise contará sempre, em seu cerne, com a demanda de reparo da insuficiência simbólica que, como Freud nos ensinou, diz-se na insuficiência paterna. Toda a análise gira em torno disso: que alguém se encaminhe para saber da falta e que, nesse caminho, o que encontre seja a sua confirmação. O que diante de tal confronto configura-se é um Resto, Resto a dizer infinitamente. Por essa razão Freud nos apontou o interminável de uma análise, o que Lacan ratificou indo às últimas conseqüências, denunciando um termo narcísico num fim de análise que determina sua conclusão na identificação com o analista.

Por fazer esse reconhecimento, análises ditas lacanianas, no que isto diz respeito a um redimensionamento feito por Lacan da clínica freudiana, são longas e tecidas por uma escuta que tem como balizas, as operações linguageiras estruturadas singularmente pelo sintoma de cada um. Este sintoma, ao contrário de ser extirpável, elidido, ou desmanchadiço, a análise o articula borromeanamente, como nos ensinou Lacan, ao final de sua obra.

Usando a topologia, ele nos faz conferir, através da imagem dos nós do Real, Simbólico e Imaginário, a possibilidade de acompanharmos com rigor teórico os meandros superpostos desses três registros, que formam um tecido no qual as operações subjetivas, fundadas na linguagem, se estabelecem.

É nesse terreno que está calcada a posição do analista, a qual se move tomada por uma Ética muito particular, que subleva o sentido desse termo nas questões por ele suscitadas. A Ética da Psicanálise, por ser a Ética do Desejo, configura sua atopia, desde que não pode ser instalada do lado do que, a serviço da civilidade, está fadado ao recalque, o gozo absoluto do encontro com o objeto, que é mortífero.

Esta Ética é marcada pela ação que funda o humano na relação demandante com um Outro, colocado num lugar radical de único possível a reconhecer e nomear o desejo. Desejo que só lhe é próprio a partir de um ponto mínimo, mítico, onde se fez palavra para a Coisa perenemente inapreensível.

No entanto, esta Coisa, *Das Ding*, como chamou Freud no "Projeto" e retomou Lacan com maestria, insistirá em se representar e o fará sendo outra coisa, a *Sache*, em torno da qual derivarão infinitas combinações. Dessa Coisa advirá o termo por onde se estabelece a criação, na infinda tentativa reiterada de apreendê-la que, constatada impossível, será tentativa de dizê-la, o que resta.

Lacan formaliza estas operações demarcando as suas derivações como sacadas da clínica freudiana; portanto, relativas a uma estrutura que delimita o campo da engrenagem conceitual. Para isto, pinça e acentua a radicalidade da linguagem como princípio do inconsciente em Freud utilizando as teorias da linguagem forjadas pelas letras de Saussure e Jakobson. Fará isto não sem deixar apartado o campo da Psicanálise e o campo da Lingüística, posto que a Psicanálise tomará a linguagem enquanto constituição a partir do código – a língua –, mas estando sujeita a alíngua, no que isto comporta da relação com este Real que se nos apresenta insistentemente como indizível, como Resto a dizer.

A topologia aparece na obra de Lacan num ponto eqüidistante, onde a exigência de um pensamento rigoroso e articulado, mais aproximado da episteme do que da doxa, se pronunciava cada vez mais. Com certeza isto tem relação com o que ele nos ensinava sobre o "bem dizer", que não é dizer bonito ou dizer do bem, mas dizer sempre mais um. Sendo assim, a topologia lacaniana parece ser mais uma forma de bem dizer sobre o que resta a articular daquilo que nos interroga no caminho da análise.

Aliás, é desta maneira que ele irá formular o que é possível reconhecer como fim de análise para alguns, este "bem dizer" como dizer do sintoma que, no avatar de uma análise, pode vir a ser *sinthome* de analista. Esta passagem de analisante a analista nada contém de conquista de um *topos* onde se possa exibir o objeto por ele conferido, mas de uma afirmação. Tal conquista é a de uma árdua elaboração sobre a morte, subjetivação da morte, como diz Lacan, onde o objeto é dado como perdido, conquanto que haja a inscrição do que é possível representar-se em sua ausência: a palavra. A falta do objeto, num paradoxo, confere um dom: o dom da palavra.

No entanto, a causa da fantasia que encaminha uma demanda de análise aportará sempre no olhar para o atributo suposto ao Outro. Este Outro, analista, em sua função, empresta-se ao engano de fazer-se Agalma, para ver-se destituir em seguida como Resto.

Resto de uma transferência, que é em última instância transferência de significantes, que a passagem de analista a analisante efetua no outro lado da equação, basculando de uma posição onde supõe um saber do inconsciente para uma posição onde é sabido não sabê-lo.

Esta passagem mítica tem sua inscrição possível num ponto longínquo de um deslocamento, que é engrenado como trilho do desejo e que segue pelo encadeamento dos tropos de linguagem, entre os quais metáfora e metonímia enunciam o desejo de ser analista.

Recriar a língua, surpreender-se com a própria fala num ato poético, enquanto se ampliam as possibilidades de efeitos do simbólico em sua própria subversão, é para onde se dirige a cura analítica. Não é por acaso que Lacan nos diz, que ser analista é um sintoma e que o seu Seminário "Le Sinthome[150]", é dedicado a James Joyce, um escritor que marca a história da literatura como divisor de águas, por sua surpreendente recriação da língua.

Lacan dirá que Joyce, se não escrevera, enlouqueceria. Os nomes multifacetados e reinventados por ele seriam sua âncora no Simbólico, sem a qual alíngua o invadiria. Conta-se que sua esposa Nora, ao lhe dizer que jamais entendera seus livros e seus escritos, ouviu dele que não havia nada para entender, só para acompanhar. Acompanhar os sons, os sincopados era a recomendação de Joyce à sua Nora. Ouvir palavras, ouvir seus sons, combinando-se e recombinando-se infinitamente, produzindo um sentido, que nada tem a ver com significação. Sentido vetorial que anuncia a direção, movida pelo que restará sempre a dizer.

---

150 Lacan, J. (1974-75) Le sinthome. In: *Ornicar?* nº 6, 7, 8, 9, 10 e 11.

Nesse Seminário Lacan demonstra a amarração borromeana do sintoma, subvertendo, logo no título, a ordem da língua. Faz isso retomando a grafia morta "*sinthome*" em lugar de "*symptome*" para designar o que virá a ser a sua proposição sobre o *sinthome*.

Freud começa pelo sintoma, sintoma das histéricas, e imediatamente se dará conta de algo que se revela: Isso fala. E isso fala da morte, castração, que se opera pelo sintoma. Desta forma Lacan retoma um grafado morto da língua, apresentando-nos, assim, o quanto o morto retorna no sintoma.

Este morto, o pai, em sua insuficiência, na impossibilidade de barrar aquilo que legisla, deixa vazar o todo dizer. Isso que vaza, a angústia exigirá nomear e o nome que a operação simbólica lhe forjar será sempre o sintoma.

O termo mínimo, imaginário, para dar conta dessa efetuação simbólica é o falo, que se inscreve como significante sob a forma de Metáfora Paterna, Nome-do-Pai.

Os Nomes-do-Pai, como nos ensinou Lacan em sua elaboração mais sofisticada, no RSI[151], têm uma relação radical com este nome "mais um", que sempre resta a dizer e a produzir numa análise, na combinação dos três registros que fazem nó a quatro e que levarão a que a passagem de analisante a analista faça com que o primeiro percorra esses nomes na escuta de outro, no ponto em que é possível entrever os nomes com os quais diz do seu sintoma.

O Resto que produz um analista tem conseqüências radicais a depreender em sua formação que, por ser formação do inconsciente, encontrará sua trajetória no percurso de uma análise, distinta de uma habilitação conferida pelo cumprimento de créditos, na forma de um pretenso consumo do código. A formação de um analista tem relação com um débito, uma dívida simbólica de um nome, que é tributada subvertendo o código, combinando-o, recriando-o e fazendo sentido de dizer. Dizer da falta. O que resta nesse percurso.

---

[151] Lacan, J. (1975) RSI. In: *Ornicar?* nº 2, 3, 4 e 5.

markgraph
Rua Aguiar Moreira, 386 - Bonsucesso
Tel.: (21) 564.1056 Telefax.: (21) 270.9656
Rio de Janeiro - RJ